レクチャーブックス◆松岡享子の本2

ことばの贈りもの

松岡享子著

東京子ども図書館

表紙・カット書き文字　松岡享子
デザイン　古賀由紀子

もくじ

ことばの贈りもの

「こどもとしょかん65号」（一九九五年四月）から再録・加筆しました。

はじめに

私は、一九九四年から九五年にかけて、近畿から九州まで、ずいぶんいろいろなところでお話をさせていただきました。一九九四年が、ちょうど東京子ども図書館の設立二十周年にあたっており、その記念事業のひとつとして、お招きを受けたところへはできるだけおうかがいして、お話をしようと決めていたからです。聞いてくださる方は、場所によって少しずつ違いましたが、基本的にはお母さんたち、中でも文庫を開いたり、ボランティアとして学校や児童館などでお話や読み聞かせをしたりしている方が中心でした。話の題やテーマは主催者のご要望もあって、これまた少しずつ違っていましたが、私がお話ししたこと、したかったことは、結局ひとつにしぼられました。すなわち、ことばの問題です。

これが、二十年前であったら、私は本のことについてお話ししたでしょう。子どもたちが喜ぶに違いない何冊かの本を紹介し、どうぞ子どもに本を読んであげてくださいとお願いしたでしょう。あるいは、図書館についてお話ししたかもしれません。子どもたちに質のよい読書を保証するにはぜひともよい公共図書館が必要だと訴えるために。

家庭での読み聞かせや、よい図書館の必要は、今も変わりません。それについてお話ししたい気持ちも、決して衰えてはいません。けれども、もう何年か前から、私の関心は、読書より前のこと、子どもが本に出会う以前のことに、より強く引きつけられるようになっていました。子どもがまだことばを話さない時期、ことばを獲得していく時期のことです。子どもが本に触れ、読書をたのしむようになるためには、この時期に、ことばの土台をしっかりつくっておくことが大切だと思うようになったからです。

そこで、あちこちでお話しする機会を与えられたとき、私は、ことばの問題、わけても子どもが絵本や物語に触れる以前のことばの問題についてお話ししました。乳幼児の発達や、ことばの習得について、専門の勉強をしたわけではない私が、このようなテーマでお話しするのは、はばかられる気持ちがないわけではありません。しかし、何冊かの本を読んで私の胸に落ちたこと、また自分自身や身のまわりの人たちの経験したことを、子どものことばの一番近くにいるお母さん方にお伝えしたいという気持ちの方が強く、私が学び、大切だと思ったことを聞いていただきたかったからです。

ことばの力

子どもと本にかかわる仕事をするようになって、三十年以上たちますが、仕事をはじめたころと現在とで、考え方が大きく変わった点がひとつあります。それは、以前は子どもの読書を考えるとき、「本」に関心が集中していたのが、今では「読者」の方に注意が向くようになったことです。なぜそうなったかといえば、同じ本を読んでも、読者（子ども）によって反応が違うことを体験させられたからです。それも、好みや個性による受けとり方の違いという個人的なレベルの問題でなく、ある時期に子どもたちがごく普通に見せた反応が、別の時代には見られなくなった、あるいは弱くなったという、時代的な変化として見せられたからでした。

わずか十年ほどのあいだに、かつて何人もの子どもを夢中にさせた本があまり借りられなくなる、大きな笑いを誘ったお話が静かに聞かれる、といった例を目のあたりにすると、なぜだろう、どうしてだろうと思わないわけにはいきません。一九七〇年代の後半をピークにした、そのような子どもたちの変わり方を見つめているうちに、私がたどりついたのは、子どもたちが身につけていることばの問題でした。

本やお話は、つまるところ、ことばでできています。私たちは、ある本がおもしろいとか、ある人の語る話がおもしろいとかいいますが、それは厳密にいえば、ある本を読んだとき、あるいは、ある人の語る話を聞いたとき、読み手、あるいは聞き手が、ことばを手掛かりに、自分で自分の中にイメージをつくりあげ、そのイメージが描き出す物語世界をおもしろいと感じていることなのです。

書き手や語り手は、自分の中にあるイメージ——考え、思い、感情など——をよりよく伝えようと、ことばを選び、表現に工夫をこらします。もちろんその上手下手がおもしろさを決めます。でも、そのおもしろさは、読み手や聞き手に受けとめられ、たのしまれるまでは、おもしろさにならないのです。読み手や聞き手は、書き手や語り手がさし出すことばを自分の力でイメージにかえます。こうしてイメージの送り手と受け手がことばを通してつながり、互いにひとつのイメージを共有することができたら、そこに共感が生まれ、コミュニケーションが成立する、つまりおもしろいと感じるということになるのだと思います。読書というのは、そういう営みをくり返して自分を肥やし、自分の中に自分らしい世界を築きあげていくことなのだと思います。そして、その読書の質を決めるのは、本のよしあしと同じくらい重要な、読み手のもつ「ことばをイメージにかえる力」だといえましょう。

ことばをイメージにかえる力は、基本的には想像力といってよいのかもしれません。しかし、これには広い意味でのことばの知識――語彙の量、意味や用法の知識、音の響きやニュアンスの違いに対する感覚など――や、体験が大きくかかわっていると思いますから、ここでは、それらをすべてひっくるめて、ことばの力と呼んでおくことにします。

何年か前の子どもが夢中になってたのしんだ本を、今の子どもがそれほどたのしまないとすれば、それはことばの力の弱まりではないか、というのが私の考えたことでした。もちろん問題はただそれだけではないでしょう。しかし、少なくとも、ひとつの要因には違いありません。おとなである私たち自身のことを考えてみても、大量のことばが騒音と化して飛びかう中では、ことばのもつ重みは相対的に軽くなり、ことばを「受けとめる」よりは「受け流す」態度を、知らず知らず身につけてしまっています。このような環境が、子どものことばを育てる上でマイナスに働いているのは明らかです。

そもそも子どもはどのようにしてことばを身につけていくのだろう。その過程で、今、子どもたちが育っている社会環境が、どんなふうに作用しているのだろう。それがマイナスに働いているとしたら（そうに違いないのですが）、母親や保母をはじめ、子どもの近くにいるおとなは、子どものことばの力を育てるために何ができるか、どんなことを心がけたらよいのか……私は、たえずこうした問題について考えるようになりました。

ことばは人間関係から

子どものことばについて考えるために手にした何冊かの本の中で、私が一番多くを教えられたのは、岡本夏木氏の『子どもとことば』*です。この本は、子どもが生まれてからことばを話しはじめるまでの時期を扱っています。岡本氏は、それを「ことばの胎生期」と呼び、赤ちゃんが母親の胎内で日ごとに目ざましい成長を遂げ、月満ちて生まれてくるように、子どものことばも、このものいわぬ時期に、子どもの中で着々と準備され、土台ができてから外に出てくる（話しはじめる）のだということを明らかにしています。この時期に、いわばことばの基礎工事ができるのです。

岡本氏がこの本の中で述べておられることを、私なりにごく大づかみにまとめてしまうと、この時期に一番大切なことは、子どもが母親（子どもにかかわるおとなの代表の意味で）と「一体となって交わり合い、さまざまな共有関係をわかち合う」ことです。いいかえると、人と気持ちが通じ合うという体験をすることです。一見ことばとは直接関係がなさそうに見える「目と目を合わせる」ことや、「ほほえみを交わす」ことなどが、実はことばの土台をつくる上でとても大事なことなのです。

お互いに通じ合い、一体となる体験をもち、信頼できる関係をつくりあげた母と子のあいだでは、ある特定の動作や、音声などを、ある特定の意味をあらわす手段として用いることができるようになります。たとえば、食事のときにテーブルを叩くのは「もっとほしい」の意味、「オーオー」と叫ぶのは満足のしるしといったふうに。そのような動作や音声を、お互いが約束事として了解し合うことが、ことばのはじまりといっていいのです。

特定の動作や音声を、相手に特定の行動や意味を引き起こすための道具として意図的に用いること、それを他人との相互理解の上に立って使いこなすこと、岡本氏は前者を「意図的道具性」、後者を「協約性」と呼び、これが成立することが、ことばによるコミュニケーションの土台だとしています。これこそが基礎工事なのです。

この基礎工事は、常に人間を相手にして行われなければなりません。お互いに通じ合える相手がいなければ、ある動作に特定の意味をもたせて使うことも、それによって何かを伝えることもできないのですから。岡本氏が、『子どもとことば』の中で、くり返し強調なさっているのは、あらゆる発達は人間関係を場として実現するということです。子どもは人とかかわることによって育つ、ということです。特に、ことばは、人とかかわることなしには、決して育ってはいかないものなのです。

「子どもの原言語」

「意図的道具性」と「協約性」について思い出すのは、もう何年も前に英国文化振興会の講演会で聞いたM・A・K・ハリデイ氏のお話です。ハリデイ氏はイギリスの言語学者で、当時はシドニー大学の教授でした。その日のお話のテーマは、子どもの言語習得でしたが、聴衆が少人数で、専門外の人ばかりだったせいもあるのでしょう、同じ言語学者である夫人とのあいだに生まれた息子さんが、どうやって母国語である英語を身につけていったか、その過程をユーモアたっぷりに描写しながらの、大変わかりやすいお話でした。

ハリデイ夫妻は、ひとりの子どもの母国語習得の過程を綿密に追跡する目的で、最初のお子さんの成長を、細かく観察、記録していきました。すると、ことばを発するずっと以前から、子どもが身ぶりで、あることを意味する——つまり、身ぶりを意思表示の手段に用いることがわかりました。たとえば、体をコックンコックン前後に揺するのは、「今したことをもういっぺんしてほしい」という意味だとか、首を左右に小刻みに動かすと「眠い」だとか、ですね。これは、岡本先生のいう「意図的道具性」ですね。それが認められたのです。

そのうち、子どもは、「アー」とか「ブー」とか音声を発するようになります。これは喃語《なんご》と呼ばれ、意味のない、ことばにならない音と思われています。ところが、夫妻は、この音声を、それを発した状況と重ね合わせて記録していくうちに、子どもが、特定の音声に、特定の意味をもたせていることに気がつきました。なにしろご両親は、子どもの発する音声を、いちいち万国発音記号で記録し、前後の状況に照らし合わせて検討なさるわけですから。

たとえば、あるとき、大きな樹の下に乳母車を置いて休んでいた。枝には鳥がたくさんとまっていたが、それが何かに驚いて、いっせいにパッと飛び立った。そのとき子どもは

「バアッ」というような音声を発したが、その後、よく気をつけていると、何かに驚いたときに同じ音声を発している。とすれば、「バアッ」は、その子語で「ああ、びっくりした！　今のはいったいなんですか？」という意味だといえる、というわけです。

あるいはまた、昼間赤い二階建てのバスを見て興奮し、しきりに「アウーアウー」といっていた。ところが、夜になって、寝る前にも「アウーアウー」とくり返している。多分それは、「その子語」で、「きょう、お昼、赤いバスを見たよねえ」といっているのかもしれない、と、先生はお思いになる。そこで、「そうだね、赤いバスを見たねえ」と、子どもに相づちを打ってやる。そういうことをくり返しているうちに、親とのあいだに、「アウーアウー」＝バスという「協約性」が成立して、喃語《なんご》といえども立派にことばの役割を果たすようになっていく。

こんなふうに子どもの発する音声を細かく聞きわけていった夫妻は、ことばをまったく話さない一歳未満の子どもの中にも、ある音声であることを意味するシステムがつくられつつあることを確認したのです。特定の動作や音声を、特定の意味をあらわすために用い

（協約性）、それを両親（自分以外の人）に、意図した通りに理解してもらい（意図的道具性）、その人とのあいだにコミュニケーションが成立する喜びを味わった子どもは、それに力を得て次々に新しい語彙を加え、その子語に磨きをかけていきます。同じ「ボー」でも、高い音と低い音とでは意味が違う、という具合に。この独自のその子語のシステムを、ハリデイ氏は「子どもの原言語」と呼んでいます。

ハリデイ氏のことばによれば、お子さんはある点まで自分語を発展させたところで、「いちいち自分でことばをつくっていくのは面倒だ。英語という出来合いのことばがあるなら、そっちに乗りかえてもいいや」と思ったらしく、あるときを境に英語を話しはじめたのだそうです。「以来、彼はしゃべるのをやめることなく今日に至っております」と、笑っておられましたが、きっと言語学者夫妻の子どもらしく、豊かな言語的才能をもったお子さんなのでしょう。

この話を聞いて、子どもがことばを話しはじめるとき、いったん話しはじめると、猛烈といってよい速さで一人前に話せるようになる秘密がわかった気がしました。子どもはなにも一歳や一歳半になってから、ひとつひとつことばをおぼえていくわけではないのです。子どもの中には、もっとずっと早くから、原言語のシステムができており、一歳を過ぎてから子どもがするのは、そのシステムに、既存の言語を乗せていく作業なのです。独自の言語体系から、もっと普遍的な言語体系に乗りかえる作業といいかえてもいいでしょう。

身ぶりや、「アブアブ、ウワウワ」といった「その子語」が、両親によってしっかりと受けとめられている子は、他人とのあいだに、すでにコミュニケーションのための橋がかかっており、ことばをしゃべりはじめるというのは、その橋の上を、新しく習得することばが行きかうようになるということなのだと納得しました。

子どものいうことを聞く

講演のあと、ハリデイ氏とことばを交わす機会があったので、「子どものことばを育てる上で、何が一番大切だとお考えになりますか」と、たずねてみました。すると、言下にかえってきたのは「子どものいうことをよく聞くことです」という答えでした。

この答えは、私の耳に新鮮に響きました。というのは、それまでに私が耳にしていたのは、もっぱらおとなが子どもに話しかけることの大切さだったからです。保育者のあいだでは、それを「ことばかけ」と呼んでいたようでした。しかし、ハリデイ氏は、こちらからことばをかけるより、向こうのいうことに耳を傾ける方が大切だといわれるのです。「子どものいうことを聞く」といっても、赤ん坊であれば、ことばでいうわけではないでしょう。しぐさ、表情、顔色、音声など、ことばでないもので訴えているものを、しっかり受けとめるということでしょう。それらさまざまなサインに込められた意味を、おとなが理解し、それに合った対応をすれば、子どもは通じたという喜びを味わい、相手に対する信頼感を深めるばかりでなく、コミュニケーションへの意欲もわくでしょう。そのために自分が用いる手段――ことばも、ことばでないものも――への信頼も強まるでしょう。

自分が使うことばを信頼することは、そのまま他人が使うことばを信用することにつながっていきます。お話を聞くとき、本を読むとき、まずそこで語られることばに耳を傾ける、そこに書かれていることばに興味をもつ、という基本姿勢は、このごく幼い日の親子の通じ合いの体験から生まれてくるのです。そのためにこそ、まずおとなが子どものいうことをよく聞くことが肝要だと、ハリデイ氏のお話から教えられたことでした。

子どもからの働きかけ

同じとき、ハリデイ氏からもうひとつ印象に残るお話をうかがいました。それは、母子コミュニケーションの実際の姿を観察するために、氏の研究グループが撮影した映画のことでした。母親が新生児を抱いているところを、二台のカメラで同時に撮影。一台は母親を、もう一台は赤ん坊をクローズアップでとらえ、それを同一画面に合成して見ていったのだそうです。母親は子どもに話しかけ、子どももそれに応えて、両者のあいだに、一種の対話が成立しているような場面がとらえられていたのですが、普通の速度で見ていくと、母親が子どもに働きかけ、子どもがそれに応えているように見えたといいます。ところが、映写速度を落とし、ひとこまひとこまを丁寧に見ていくと、母親からの働きかけがはじまる直前に、赤ん坊の表情に微妙な変化があること、それがむしろ母親の働きかけを誘う引き金になっていることがわかった、というのです。「これには非常に感動しました」と、ハリデイ氏はおっしゃっていました。

岡本夏木氏も、先にあげた『子どもとことば』の中で、子どもは決して外からの刺激を受けるだけの存在ではないことをくり返し指摘しておられます。自分の能動的な活動を通して、外の環境を自分の中に取り入れていくところに、発達の一番の特徴があるのだ、と。

岡本氏は、先にハリデイ氏がフィルムに収めた母子の「対話」のような場面で、母親が子どもに働きかけるとき、子どもがうまく反応すればそれがくり返されていくし、反応がなければ、声の調子や長短を変えたりして別の刺激を出し、働きかけては反応を見、働きかけては反応を見、して対話を続けていくものだと観察しています。そして、母親は「意識的目的的に細工しているというよりも、ほとんど無意識的」に、子どもから一番生き生きした反応が得られる刺激を探りあてていくものだと述べています。

この生得的な子どもからの働きかけと、無意識的な母親からの働きかけの相互行動について は、正高信男氏の『0歳児がことばを獲得するとき』*の中にも、印象深い記述があります。正高氏は、授乳の際、赤ちゃんが必ず途中で吸うのを止め、吸う——休む——吸う——休むのサイクルをくり返すことに疑問をもち、その休止の意味を探ります。そして、この休止時間に、母親が、きまって（しかし無意識に）赤ちゃんを「優しく細かに揺さぶ」ったり、「よしよし」と声をかけたりしている事実に注目し、さまざまな実験の結果、それが赤ちゃんの側からコミュニケーションを促進しようとする母親への働きかけだと結論するのです。

氏は、多くの哺乳動物のうち、母乳摂取に吸う——休むのパターンをもつことが知られているのは、ヒトの赤ちゃんだけであることを強調し、ヒトの赤ちゃんは「早期に外界と複雑な交渉を持てるように、遺伝的に構成されている」のだと述べています。

このように見てくると、子どもの中にも、母親の中にも、コミュニケーションのための能力というか、メカニズムが生まれながらにして備わっていることがわかります。これはすばらしいことです。心配なのは、今日の私たちの生活が、こうした能力を存分に発揮させ、メカニズムを十分に機能させる方向には動いていないことです。むしろ、それを阻む要素が多すぎます。母と子がゆったりと向き合って、双方があやしたり、あやされたりすることをたのしむ時間がないとか、せっかく子どもと時間を共有できても、お母さんの目が、子どものまなざしを受けとめ、そこに何かを読みとろうとするより先に、育児書のページに釘づけになっているとか。

悲しいことですが、組織化され、系統だてられた学校教育では、多くの知識は伝達されますが、親も子も天賦のものとして自らのうちにもっている力を自覚させたり、なかば無意識に何かをすることによって生まれる直観力を養ったりする機会はほとんどありません。何もかもが意図的、目的的に規定されてしまうと、人は、自分から気がついたり、発見したりすることをしなくなり、その結果、自分に頼るより、外部の情報に頼ろうとするようになるのでしょう。

人と人の心のあいだに橋をかけるということばの基礎工事は、親と子が、お互いに共感する快さを求めて、自発的に、無意識に何かをしているときに、自然にできていくものなのでしょうが、その自発とか、無意識とか、自然といったことが、今の私たちは下手になっているのかもしれません。

文化財の助け

自分の中から自然に出てくるものによって動くことが下手になっている分、私たちは、それを補う道具や材料をたくさん手に入れるようになりました。核家族、少子家族になって、親となるべき世代が、子どものうちから身近に子育ての姿を見、生活を通して育児文化を受けつぐことがなくなったかわりに、育児書や、育児雑誌が何種類も刊行され、育児情報があふれる、わらべうたやお話を知らなくなったかわりに、絵本や、テレビがある、といった具合に。

ことに、近年、絵本は、対象年齢をどんどん下げてきて、赤ちゃん絵本と呼ばれる種類のものが、絵本のひとつのジャンルになりそうな勢いです。身のまわりに絵本があれば、子どもは驚くほど早い時期から絵本に注目し特定の絵を見て喜ぶ、などの反応を見せます。赤ちゃんが絵本に触れていけないことはないでしょうが、三歳以下の子どもたちに、絵本が、ものを教える道具として使われることは賛成できません。赤ちゃん絵本の役割は、あくまで、子どもとおとなの関係を築き、強めるものであってほしいと思います。この時期、一番大切なのは赤ちゃんとお母さん（赤ちゃんの身近にいるおとな）の関係であって、赤ちゃんと絵本の関係ではないからです。

岡本夏木氏は、『子どもとことば』の中で、「視線の共有」があると述べておられます。これは、母と子がまず向き合って目と目を合わせ、気持ちが通い合ってから、母親が別のもの（たとえば、少し離れたところにある花など）に目を移すと、子どもも母親の視線を追って同じものを見ようとすることをいいます。対話というのは、話し手と聞き手と共通のテーマの三要素から成り立っているものですが、子どもが、母親の注目するものに注目することができるようになったということは、この対話の三項関係が成立したという意味で重要だというのです。

子どもと絵本の関係も、親を含めた三項関係であってほしいと思います。母と子が目を合わせ、視線も気持ちも共有した上で、共に絵本に目を向けるという順序が大事です。視線の共有なしに、母子のあいだにものが介在することは望ましいことではないでしょう。

この点で、三歳以下の子どもの場合には、わらべうたや、子もりうた、お話など、母と子が直接目を見て取りかわす無形文化財の方が、テレビや絵本より先に来てほしいと思います。お互いの反応を見ながらたのしむうたやお話は、興の趣くままに自発的（即興的）発展や、展開をすることができますし、また、わらべうた、昔話など伝承的な文化財の中には、私たちの心の奥深くに働きかけ、それこそ無意識の交流を促す、ふしぎな力があるように思えるからです。

とくに注目しておきたいのは、わらべうたや、土地の方言による昔話などには、ことばのリズム、抑揚、音としてのおもしろさや美しさがたっぷりつまっていることです。ことばをまず意味としてとらえるように教育される以前の、耳の感覚の鋭い時期に、子どもが体全体で母国語の音楽を吸収することは、その後の言語生活をどんなに豊かにするでしょう。どんなによく書かれた創作物語のことばも、長い年月に鍛えぬかれた伝承のことばのもつ力にははかなわない気がしてなりません。

子育ての場で、おとなが子どもにうたい、いっしょに遊んできたわらべうたや唱え文句、語りついできた昔話などの伝承的育児文化財は、おそらく母（育児者）と子の、よりたのしい、より深い交流を求める衝動が生み出したものでしょう。そして、何世代もの母と子が、それをたのしみながら、それに磨きをかけてきたのだと思います。その伝統の力の故に、これらの文化財は、人間関係にぎこちなさを感じ、子どもと向き合ってもとまどいが先に立つような現代の母親にも、それを乗り越えるきっかけをつくり、母子の交流の密度を濃くする助けになってくれるのです。

子どものことばを育てるために

ことばの問題を考えているうちに、私がたどりついたのは、結局とても平凡な結論、子どもがごく幼いうちにまわりの人と安定した人間関係をつくること、ひらたくいってしまえば、まわりの人から、可愛がられ、たっぷり目をかけられることが、一番大事だということです。この基礎工事が先で、本やお話が子どもの生活にはいってくるのは、そのあとでよいと思います。本やお話は、子どものことばを育てる上で欠くことのできないものではありますが、それが人間関係を育てる助けとしてではなく、早期知的教育の道具として用いられることは、本末転倒と思います。

今の社会は、これを子どもを育てる言語環境として見た場合、決して望ましいとはいえません。人間の関係を通さない、機械的な音やことばが氾濫していて、ことばが聞こえてくるための静けさが得られない。生活の体験をくぐり抜けてきたものでないことばが、これまたどんどん流れてくる。ことばが過剰であるために、みんながことばをおろそかにするようになり、体験や気持ちの込められた重いことばも、時間や空間を埋めるためだけに使われる軽いことばも、おしなべて同列に扱うような風潮にあります。子どもたちが、こういう社会に出ていくことを考えると、家庭を根に過ごす最初の一、二年――これがまさにことばの胎生期であるわけですが――を、できるだけ騒音のない、静かな環境で、実《じつ》のあることばに触れて、ことばを、おもしろい、美しい、大切だと思う基本的な体験をして育ってほしいと願わずにはいられません。大きな社会の流れに抗うことは、易しいことではありませんが、その気になれば、だれも見ていないテレビを消す、子どもとできるだけゆったり接する、たのしく遊ぶ、といったことは、どこの家庭でもできることではないでしょうか。

子どもを題材に心打つ詩を数多く残したインドの詩人タゴールの「新月」(『詩集一』所収)*という詩集の中に、「あかちゃんのやりかた」という作品があります。何不自由のない三日月様の国にいて、山ほどの宝ものをもっていた子どもたちが、その自由を捨て、宝ものを捨てて、この世にやってくるのは、母親の「愛のたから」をもらいたいから、母親のやさしい腕にとらえられるのは自由より幸せだと知っているからだと詩人はいいます。

そして、ことばについても、言語学者や、発達心理学者が、科学的に解明しようとしていることを、詩人の洞察で鋭く見抜き、次のように美しくうたっています。

あかちゃんは　かしこい　ことばで
いろいろな　言いかたを
みんな　しっているのです。
ただ　この地上には
その意味の　わかる　ひとが
まるで　いないのです。
あかちゃんが　おはなし
したがらないのは　それには
わけが　あるのです。
あかちゃんの　たった一つの
ねがいは　おかあさまの

おくちから　おかあさまの
ことばを　ならいたいのです。
なにも　しらなそうに
みえるのも　そういう　わけが
あるからなのです。

（高良とみ・高良留美子訳）

子どもたちは、まず母と関係をもつことを求め、その関係の中でことばを身につけていきます。それが母のことば＝母語です。ことばは、その意味で母から子への贈りもの——おそらくは最大の贈りもの——なのではないでしょうか。

ことばの贈りもの

ことばのせかい　こどものせかい

この講演は一九八八年二月七日、東京・府中市立図書館主催で府中グリーンプラザにて行われたものです。それを同館が記録、刊行したものに加筆・修正しました。

「三つの金曜日」

きょうはめずらしく天気のいい日曜日ですが、私の気分は金曜日、さらにいえば〝ホジャの金曜日〟です。こう申しあげると、はや、そこかしこでクスクス笑い声があがっておりますが、ホジャをご存じない方のために少しご説明いたしますと、ホジャというのは、トルコの昔話に出てくる有名な人物です。大変頭のよい、頓智の才のある人で、どのくらい頭がよいか、という例をひとつ申しあげますと、ある人がホジャに「お日さまとお月さまはどっちが大事か」とききました。すると、ホジャは、即座に「それはお月さまに決まっている。お日さまは昼間の明るいときに出てきてなんの役にも立たんが、お月さまは夜暗いときに出て道を照らしてくれるから」と答えた……という、それほど頭のいい人物なのです！

このホジャは、昔、僧院で勉強したことがあったので、金曜日――マホメット教徒が寺院へ礼拝に行く日――には、お寺でお説教をしなければなりませんでした。ホジャはこのお役目が苦手で、金曜日が来るたびに憂うつになりました。

ある金曜日、ホジャは頭がからっぽで、なんの話をすればよいか一向わからぬまま、説教壇にあがります。（先ほど私が〝ホジャの金曜日〟的気分だといった意味がおわかりでしょうか？）ホジャは、仕方なく、とにかく口を開いて、会衆に呼びかけます。

「おお、アクシェヒルの人びとよ。みなさんには、わたしが、これから何を話そうとしているか、おわかりかな？」

聴衆は、当然わからないものですから、「わかりません」と、答えます。すると、ホジャは、わからない人に話してもむだだといって、壇を降りてしまいます。これで、来週まで嫌な思いをしなくてもすむというわけです。

しかし、次の金曜日はすぐやってきました。ホジャは、ふたたびからっぽの頭をかかえて、説教壇にのぼります。そして、「おお、アクシェヒルの人びとよ、わたしがこれから、どんな話をするか、みなさんにはおわかりかな？」と、問いかけます。聴衆は、先週のことがありますから、「はい、わかります」と、答えます。すると、ホジャは、「わかっておられるなら結構。わざわざわたしがお話し申しあげるまでもない」といって、さっさと帰ってしまいます。

しかし、自由な一週間はまたたくまに過ぎ、三度目の金曜日がやってきます。ホジャは、仕方なく、また説教壇にのぼります。そして、前と同じように、「わたしがなんの話をするかおわかりかな？」と、問いかけます。聴衆の答えはふたつに分かれます。先週のことを考えていた人は「わかりません」といい、先々週のことを考えていた人は「わかります」といったのです。

これを聞くと、ホジャはしめたとばかり手をこすり合わせながら、いうのです。「たいへんけっこうです。では、わからない人は、わかっている人からきいてください」！

これが、「三つの金曜日」（『天からふってきたお金』＊所収）という話のあらましです。これを聞いて、きょうはいささか〝ホジャの金曜日〟的心境にあると私が申しあげた意味をご理解くださったかと思いますが（！）、笑うだけではなくて、ここで、この話をちょっと別の角度から考えてみましょう。

わかる・わからないということ

私が、ホジャにならって、今ここで、みなさんに、「これから私が何を話そうとしているか、おわかりですか？」と、おたずねしたら、みなさんはなんとお答えになりますか？実際にみなさんがどうお答えになるかはわかりませんけれど、本当は、みなさんは「わかります」とお答えになる状態にいらっしゃると思います。それは、ひとつには、みなさんには私がこれから申しあげるようなことは、もう先刻ご承知のことに違いないと思われるからです。大方のみなさんは講演の題から、話の内容は子どもにとってことばは大事だ、ことばを育てるのに本やお話が大事だ、ということになるだろうと予想をつけていらしたはずです。ということは、大事だということがわかっていらっしゃるということです。わかっていらっしゃるからこそ私の話を聞きにいらっしゃったのではないでしょうか。

そして、逆に、ちょっと皮肉な言い方になりますが、たとえ私がどのようなお話をしても、みなさんは自分がわかっていることだけをわかってお帰りになると思うのです。自分が常日頃考えたり、感じたりしているのと同じことを私が申しあげたら、話がよくわかったと思い、そうでないことを申しあげたら、わからないこととして受け入れないか、すぐ忘れてしまうかするでしょう。これは何も非難していっているのではありません。人が他人の話を聞く聞き方というのは、もともとそういうものだと思うのです。アンテナを出していないと電波はとらえられない、チャンネルを合わせていないと音は聞こえてこないということです。

余談になりますが、このあいだ、新聞に、ある神父さんのお書きになったエッセイが載っていて、思わず大笑いしてしまいました。ある女の人が、神父さんのところへ来て、嫁の悪口を散々まくしたてた。この人は、大変身勝手な性質で、自分のことしか考えていないようなところがある。そこで、神父さんは、その人に態度を改めなくてはいけないことを懇々と説いて聞かせるのです。女の人は、それをよく聞いていて、神父さんの話が終ったとたん、「ああ、きょうは、本当によいお話をうかがいました。帰ってすぐ嫁にそういってやります」って！

人は、わかっていることしか聞けないし、わかっていることしか聞かない存在なのですね。その意味では、みなさんはこれから私がお話ししようと思っていることをわかっていらっしゃるのだと思います。おそらく、今から一時間ほどあと、この会場を出ていらっしゃるとき、ここへ来る前に思いもしなかったことを私から知らされた、とお感じになる方は少ないでしょう。自分がすでにわかっていたことを、わかってお帰りになる方が大部分だと思います。

「わかる」ためのことば

だとすると、人はなぜ、すでにわかっていることを人から聞かなければならないのでしょう。あるいは、聞きたいと思うのでしょう。思うに、それはことばにしてもらいたいということではないでしょうか。

私は、本を書いたり、今、しているように人にお話ししたり、ということをします。すると、ときどきいろんな方から、「ずっとそう思っていたんだけど、それがどういうことなのか、はっきりとらえられなかった。本を読んでそこのところがよくわかりました」とか、「お話を聞いて、ああ、自分がいいたかったのはそういうことだったんだって思いました」とかいわれることがあります。それから見ると、人は自分でわかっていることでも、別の人からことばではっきりといってもらうことによって、それがより明確なものになる。そのことがうれしくて人の話を聞く、あるいは本を読む、ということがあるのではないかと思います。実際、私自身が本を読んだり、人の話を聞いたりすることの喜びの大きな部分はそれだという気がします。

たしかにわかってはいる。しかし、わかっていることを本当のものにするためにはことばがいる。ことばによる確認がいる。ことばになったものは記憶することができる。それが単なる経験であるうちは、モヤモヤとしてとらえどころがなくすぐ逃げていってしまうものが、いったんことばになると、自分のものとしてうちに蓄えることが可能になる。いわば自分の財産になる。経験を蓄積することが可能になる。これはことばの働きのもっとも基本的なもののひとつだと思います。

子どもがことばをおぼえていくことの意味は非常にたくさんあるわけですけれど、ひとつは、この「ことばにすることによって、自分たちの体験をはっきりした形にして、自分の中に蓄えていく」ことだと思います。

ソビエトの心理学者が行った、ある実験のことを本（『子どもの考え始める時1』*）で読んだことがあります。一歳四ヵ月から二歳七ヵ月ぐらいの子どもについて、ことばがどういう働きをしているかを調べたものです。

実験の対象になった子どもたちは、たとえば、食事のときに椅子を動かす、というような具体的な状況の中でなら、「動かす」ということばを知っているが、そのことばをほかの場面に適用することはまだできないという子どもたちです。その子どもたちに、あるもの——椅子なら椅子——を動かすとその下にあるおもちゃが取れるという場面をつくっておいて、実験者が「動かしなさい」ということばと共にその椅子を動かしたり、子どもに動かしたりさせると、七回から十回ほどそれをくり返すうちに、子どもはものを動かしたらおもちゃが取れるということがわかってくる。そして、椅子がつい立てになり、つい立てが箱になりしても、「動かしなさい」ということばさえかければ、おもちゃが取れるようになる。

こんどは、「ひっくり返す」という、子どもがそれまでに知らなかったことばを使ってやってみる。それでも年長児で六〜十回、年少児で八〜十二回程度の練習でおもちゃが取れるようになります。そして、ひっくり返すものがいろいろに変化しても、子どもは行動を新しい状況にちゃんとあてはめて目的を遂げることができたのです。

ところが、同じことを、「動かす」とか、「ひっくり返す」ということばを一切使わないで教えようとすると、六十回から七十回も練習を重ねないとおぼえられなかったというのです。そればかりではありません。次の日にはもうこの行動をすっかり忘れてしまい、前の日と同じことを、何回もくり返さなければならなかったのです。

一方、ことばと共に行動をおぼえた子どもたちは、何日かたったあとでもすぐ、あるいは一、二回練習しただけですぐ目的に合った行動をとることができたといいます。ことばがあったために、「動かす」とか「ひっくり返す」とかいう行為を、具体的な状況から切り離した場面にも適用することができたし、それを記憶することもできたのです。つまり、ことばがあって初めて学習が可能になるのだということですね。学ぶというのは、ことばで何かを自分の中に蓄えていくということなのです。

今、みなさんは、私の話を聞いていらっしゃるわけですが、もし、それによって、自分の経験を整理する、より明確にする。「ああ、あれはこういうことだったのか」と、納得する。その上で、自分の財産としてその知識や考え方を自分の中に蓄える、ということがおできになったとすれば、それはことばの働きのおかげです。ことばをやりとりすることで、私たちはお互いの知識や経験を学び合うことができるのです。

先取りのためのことば

ところで、みなさんの中には、最初の金曜日でホジャに答えた人たちと同じように、「私がこれから申しあげることがおわかりですか?」という問いに対して、「わかりません」とお答えになる方もいらっしゃいましょう。みなさんがわからないとおっしゃるのも本当だろうと思います。わからないからこそ、聞きにきたんじゃないか、と。

さっき、人はわかっているからこそ聞きにくるんだと申しあげましたが、それと矛盾することをいうようですが、わからないから聞くというのもまた事実です。私たちはすでに経験したことを確認するためにもことばを使いますが、まだ経験していないことを先取りするためにも、ことばを使うからです。

みなさんも、暮らしの中で、このことばによる先取りをずいぶんやっていらっしゃるのではないでしょうか。たとえば、学校で俳句を習う。名句だからと、無理矢理、暗記させられたりする。そのときは意味もよくわからず、感動することもなかったが、のちにおとなになって、その句に描かれていたのとそっくりの情景に出会ったとき、「ああ、これがあの句にうたわれていたことだったのか!」とわかる、というようなことがないでしょうか。そして、その場合、たとえ、同じ情景を前にしても、ことばとしてあの俳句を先取りしていなかったら、そこに美しさを見出したり、感興がわいたりということがなかったかもしれません。ことばがあったからこそ、感動が生じるということがあるのではないでしょうか。

梅の花を描写した美しい文章を読んで、そのあとで梅を見たので、花の美しさを今までになく強く感じたとか、ある人から、その人の身の上話を聞いていたので、その人のいうことばの意味がよくわかったとか。つまり、体験に先立ってことばで知っていたために、それが道標になって、ものごとの筋道が正しくたどれるとか、普通なら見過ごしてしまうものを発見するとか、そういうことが日常生活の中ではよくあると思うのです。

ことばによる先取りといえば、昔話の中では、それがしょっちゅう行われます。みなさんの中には子どもにお話をしたり、本を読んでやったりすることを仕事にしていらっしゃる方が何人もいらっしゃると思いますので、そういう方々にはすでにおなじみのことだと思いますが、たとえば「なら梨とり」という日本の昔話があります。お母さんと三人の息子がいて、お母さんが病気になって、なら梨が食べたいという。そこで、一番上の太郎がなら梨をとりに出かけるのですが、途中、岩の上におばあさんが座っていて、「この道を行ぐと、三本の枝道になっているところに、笹葉コが三本たっている。それが、行げっちゃがさがさ、行ぐなっちゃがさがさというから、行げっちゃがさがさという方さ行げ」と教えてくれます。そして実際、別れ道に出、笹がおばあさんのいった通り、「行げっちゃがさがさ、行ぐなっちゃがさがさ」と鳴っている……というふうに話は進んでいきます。

ところで、ある意味では、太郎は、おばあさんから、これから先出会うことをあらかじめ聞いていたからそれに出会った、ともいえるのではないでしょうか。そうでなかったら、笹が鳴っている音を、「行け」とか「行くな」というふうに聞きとれなかったかもしれません。

そう考えると、「わかりません」という人がことばを聞くことは、「わかります」という人がことばを聞くのとは別の意味で大きな意義のあることなんですね。つまり、私たちはことばを使うことによって、自分たちが経験していないことをことばで先取りすることができる。そして先取りするからこそ、実際の体験をより密度の高い、より深い、より意義のある経験に変えていくことができる。そこにことばのもうひとつの大切な働きがあると思うのです。

ことばと体験のあいだを往き来する

ところで、ホジャは、三度目の金曜日に、聴衆に向かって、「わからない人は、わかっている人から聞いてください」と、いいました。ここで、多少こじつけになるかもしれませんが、「わかる」ということを、体験で知っているということにあてはめ、「わからない」ということをまだ体験していないことに置きかえて考えてみますと、この「わかる」「わからない」の両方にことばが大きくかかわっていることを先ほどからお話ししてきました。そして、たしかに私たちの生活の中で、わかっている人（体験からあることを知っている人）はわかっていない人（まだ体験していない人）に話したり、教えたりすることをやっています。

そして、さらによく考えてみますと、人と人とのあいだだけではなく、私たちひとりひとりの内側でも同じことをしているのではないでしょうか。つまり、体験したことをことばで確認し、ことばで知っていることを体験で裏打ちするということ、それを私たちはくり返しくり返し、行っているのではないでしょうか。いってみればことばと体験のあいだを常に往き来しているのが、私たちの生活なのではないでしょうか。その往き来がよりよく行われる、すなわち自分のしていることをことばでしっかりとらえることができ、なおかつ、よいことばから得たもので自分の生活を導くことができれば、私たちの生活は――少なくとも精神生活は、質のよい豊かなものになっていくのではないかと思います。

子どものことばは、おとな次第

子どもたちも、実はこうやってことばと体験のあいだを往き来しながら大きくなっていくものだと思うのです。そして子どもの場合、そのやりとりに使われることばが、おとなの場合とは比べものにならないくらい大きな意味をもっていると思います。というのは、子どもはまだ〝ことばを学ぶ〟時代に生きており、初めての経験にどんなことばがあてはめられるか、どんなことばを生きる目じるしとして与えられるか、によって子どもの生活の質が大きく左右されるからです。

しかも、子どもがどのようなことばに触れて育つかは、まったくまわりのおとな次第なのです。この点でも子どもはおとなに依存するしかありません。おとなが用意してくれる言語環境の中で子どもはことばを身につけていくのです。

おとなは、自分でことばを探すことができます。たとえば、嫌な話（ことば）をたてつづけに聞いて自分の心が汚れたような気がする。何か美しい、精神を高めてくれるようなことばに触れたいと思えば、図書館に行って好きな詩人の本を借りてきて読むとか、宗教書を読むとかできます。何か愉快な気分になりたいと思えば、おもしろい小説を読むとか、あるいは適当な映画を探して見にいくとかできます。自分で自分の求めることばを手に入れることができるのです。

けれども、子どもはそれができません。ことにまだ学校へ行っていない、字の読めない子はそうです。そういう幼い子どもたちは、まわりにいるおとながかけてくれることば、日常の暮らしの中で聞こえてくることば（たとえばテレビの音）に頼るしかないのです。たまたま、まわりにいるおとながお話をしてくれたり本を読んでくれたりすれば、その子はそれらのことばも自分のものにすることができます。でも、もしそんな機会が与えられなかったら、自分の力でそれを手に入れることはできないのです。

そう考えてきますと、子どものそばにいるおとなは、子どものことばに対して大きな責任があることがわかります。子どもの世界とことばの世界をつなげていくのはおとなの役目だからです。実際、おとなは別に先生や保育者でなくても、子どもとことばのあいだの橋渡しをしています。好むと好まざるとにかかわらず、自分にその資格があると思う思わないにかかわらず、おとなは子どもにことばをかけ、子どもはそのことばをもとに自分の精神世界をつくっています。だとしたら、子どものことばの発達に対して私たちおとなが負っている責任を、今少しはっきりと意識して、子どものことばの世界が少しでも豊かになるように、私たちに何ができるかということを考えていかなければと思います。

図書館員の役目

さて、子どものことばの世界を豊かにするために、私がみなさんにおすすめできる手だてはとなると、それは端的に申しあげてたったひとつのことにつきます。すなわち、子どもを本に親しませることです。本はもっとも豊かなことばの世界をもっとも手にはいりやすい形にしたものだからですし、また人に本をすすめるのが、私たち図書館員の一番の任務だからです。

ここで、ちょっと思い出話をすることをお許しいただけるなら、私はこの図書館員の任務を図書館員生活の第一歩を踏みだしたその日に、はっきりとことばにして教わりました。もう二十五年も前のことになります。私はアメリカの図書館学校で勉強し、その続きとしてアメリカの図書館で働くことにしました。幸い、ボルティモア市のイーノック・プラットという公共図書館で児童図書館員として働くチャンスが与えられました。

就業第一日目、その日から働きはじめる人は私のほかにも数人いましたが、私たち新人はまず人事部長さんから、いろいろ説明や注意を受け、諸々の手続きをすませてから館長室へ連れていかれました。館長さんにご挨拶するためです。

人事部長さんが、「これは、こんど、どこそこの部にはいるだれだれです」というようにひとりひとりを紹介し、私たちは順番に館長さんと握手を交わしました。それがすむと、館長さんは口を開いて私たち全員に短いことばを述べられました。それはこういうものです。

「私たちは（私たちというのは、図書館員のことです）、本はよいものだと信じる人のグループに属しています。私たちの仕事は、できるだけ多くの人をこのグループに招き入れることです――」

私は、このとき、非常なショックを受けたのです。というのは館長さんにこういわれる直前まで、自分が図書館員として働くということの意味をまるで考えていなかったからです。私は図書館学を学ぶためにアメリカに行きました。図書館で働きたいと思ったのも学校で教わったことが実際にはどう行われているのか、それを知りたいと思ったからで、就職は私にとってはいわば勉強の延長でした。私の心構えはまったく学生のままでした。

ところが、館長さんのこのことばを聞いて、私は、ハッとしたのです。私が図書館にいるのは、私にとっては勉強かもしれない。しかし、図書館にやってくる人にとっては、私はあくまで彼らにサービスをするべき図書館員であって、決して学生ではないのだ、ということが頭を打たれたようにはっきりとわかったからです。そして、もう次の日からカウンターに立つかもしれない私の任務は、私がそこで出会う人たちに「本はよいものだ」と思ってもらえるようにすることなのだ、と。

先ほど、ことばによる経験の先取りということを申しあげましたが、私の職業生活初日に聞いたこのことばがどんなにその後の私を支えてくれたか。その後の二十五年間には、仕事上、さまざまのことがありました。どうしたらいいか迷うことも少なくありませんでした。しかし、どんなにものごとがこんがらがって見えるときでも、こうすると人が「本はよいものだ」と思ってくれるだろうか、それともこっちのやり方をとれば本のよさがよりよくわかってもらえるだろうか、というふうに考えていくと、おのずと自分のとるべき道が見えてきました。

また、時には自分のしていることがよくわからなくなって気落ちすることもあります。そういうときも、自分の仕事はなんなのか、自分の仕事は本というのはよいものだと人が信じるように助けることなんだと確認することで、勇気づけられ、励まされることが何度もありました。

私は職業生活の道しるべとも、杖ともなるこのよいことばを、若い私にくださった館長さんにどんなに感謝しているかしれません。このことからも、私はことばをもつことの大切さを身にしみて感じるのですが……。

変わりゆく状況の中で

ところで、二十五年前館長さんのことばを聞いたとき、私はそれに異議を差しはさむつもりはまったくありませんでした。図書館員としてではなく、図書館員になるずっと以前から、私自身「本はよいものだ」と思っていましたから。そしてこの信念は、読書の意義とか本の価値とか、そういう理屈から来たものではなく、単純に子どものころから本が好きだった、という事実から来たものでした。子どものときに、本を読んでたのしい時間を過ごした記憶があり、本はおもしろいものだという思い込みがありましたから、館長さんのことばがぴったり来たのだと思います。

館長さんのことばを聞いて、ハッとした私の心の中には、職業意識を呼びさまされた緊張だけでなく、それまでは自分個人のたのしみであったことが、いわば大義名分を与えられて公けの仕事になるんだ、という武者ぶるいのような気持ちがまじっていたのかもしれません。

とにかく、そういう状態でしたから、私は、大喜びで勇んで仕事をはじめました。アメリカで一年働き、そのあと早く日本の図書館で働きたいと気がせくままに帰国し、幸い公立図書館に職を得て、学んできたことを実行に移そうとがんばりました。

その後、若いときの性急さもあって、公立図書館を退職し、自分で家庭文庫を開いて仕事をするようになりましたが、最初の何年間か、年代でいえば一九六〇年代は、ただ一所懸命、夢中で過ごしました。子どもの本も次々におもしろいものが出版されましたし、子どもたちもそれらの本を旺盛な食欲でむさぼるように読み、いろんな反応を見せてくれましたから、仕事をするのがたのしくてしょうがない、という時期でした。

そのころは、頼まれればどこへでも出かけていって、子どもに本を読んでやることがどんなに大事か、ということを熱を込めて説いてまわっていました。こちらに迷いがありませんでしたから、それほど経験もないのに、堂々と話せたのですね。

ところが、それから、状況が変わりました。いわゆる高度成長の時期がやってきて、生活が急速に変わりはじめ、それが子どもに影響して、子どもたちと本との関わり方も、大きく変わってきたからです。大まかにいって一九七〇年代から八〇年代の初めにかけてのことです。

私たちのところのような小さな図書館へ来る、限られた数の子どもを見ていてさえ、子どもと本の結びつきが、弱くなっていったことがよくわかりました。ですが、この時期にも、私は、あちこちでお話をいたしました。それは、子どもたちに起こっている変化について、あまり人が注意を払っていないように思われたからです。私は、それが心配で、子どもたちはこんなに本の読み方が変わってきました、こんなに前よりお話をたのしまなくなったんですよ、こんなふうでいいんでしょうか、と人に訴えたいために、出かけていったのです。この時期にした講演のいくつかは、まとめて本（『こども・こころ・ことば』*）になりましたので、お読みくださった方もいらっしゃるかと思います。私にとっては、焦りと迷い、先の見えない悩みにとらえられたむつかしい時期でした。

そして、今、また状況は変わりつつあります。それは八〇年代にはいって、経済成長にかげりが出てきて、世の中全体が七〇年代の中ごろのように、浮足立っていないことにもよると思います。また、そうした外側の状況もさることながら、私自身の内部で、少し、変化が出てきたということもあります。つまり、あまり急激に子どもの様子が変わったために、どうしていいかわからず、いわば〝取り乱して〟いたのが、少し落ちついてものが考えられるようになった、といいましょうか、変化した面ばかりに気をとられていたのが、変化していない面をも見ることができるようになった、ということがあると思います。

ですが、今、この時点では、私は、ここ十年ほどのあいだに、自分自身が（そしてまた、図書館が）直面しなければならなかったたくさんの問題をきちんと整理して、その上で人に何かお話しする、という状態になっていません。言い訳をするようで心苦しいのですが、今は、何かこれぞとみなさんにさし出せるものがない気がしていて、私が冒頭から「三つの金曜日」のホジャの気分だと申しあげたのは、実はそういう意味を含めてのことだったのです。

子どものことばの力が弱くなる

二十五年前の思い出話にはじまって、言い訳に至る（？）まで、ずいぶんまわり道をしたようですが、私が申しあげたかったのは、こういうことです。児童図書館員として、このような場でおとなの方にお話をする際、私のいうべきことは、実は子どもが本に親しめるように、そばにいるおとなとして手をさしのべてやってください、本を読んでやってください、お話をしてやってください、ということにつきる。しかし、この二十五年間、仕事をしてきて、社会の大きな変化をくぐり抜けてきて、私自身、無邪気に、といいますか、単純にそれだけをいっていればよい、という気持ちではいられなくなってきている。本を読む子どもの側に、さまざまな状況の変化が影を落としている中で、子どもと本の問題をどう考えていったらよいのか、いろいろ考えさせられている。いわば、その迷いと悩みの最中にある身として、何をみなさんにお話しできるだろうか、はなはだ心もとない――と正直に申しあげたわけでした。

そういう状態ですから、その点をよくお汲み取りいただいた上で、これから私が申しあげることをお聞きいただきたいのです。そこで、話を本題に戻して、子どもとことばの関わりについて、私たちは体験をことばで確かめつつ、また、ことばで他の人の知識や経験を〝先取り〟しつつ生きている。ことばと体験のあいだに、しっかりした結びつきがあればあるほど、私たちの精神世界が豊かなものになると申しあげました。そして、子どものことばの世界は、実際問題として、まわりのおとなによって左右されるので、子どものことばの発達に対して、おとなが負っている責任は大変大きいのだとも申しあげました。そのことに関して、きょうは、具体的に三つのことを、みなさんにお願いしたいと思います。ひとつは、ことば以前の人間関係の問題、もうひとつは、子どものことばの環境をととのえる問題、そして、おしまいに、子どものことばの世界に本を導き入れる問題です。

さっき、七〇年代に生活が大きく変化して、子どもと本との結びつきにも変化が出てきた、そして、それは望ましくない方向への変化、つまり、子どもと本の関わり方が弱くなることだったとお話し申しあげました。具体的な例はいちいち申しあげませんけれども、全体として、以前ほど、本やお話をたのしまなくなってきたのは、事実です。そして、その場合、本そのものは変わっていないのですから、変わったのは、子どもの方だといわなければなりません。ここに同じ本があって、何年か前の子どもは、それを読んで大笑いしたのだけれども、今の子どもはあまり笑わない、ということがあれば、問題は子どもの側にあると見なければなりませんね。私たちは、普通「この本はおもしろい」という言い方をしますが、本当は本がおもしろい、のではなくて、人がその本をおもしろがるわけですから。

　つまり、子どもが本を読んだり、お話を聞いたりするとき、「昔々、あるところに、おじいさんとおばあさんがいました」と、ことばで語られたことを、子ども自身が受けとめて自分の頭（あるいは心）の中でイメージに置きかえる。そして、そのおじいさんが犬を飼ったり、その犬が殺されたり……と物語が進めば、それを自分自身の描き出すイメージの世界で追っていく。話に感動したり、話をおもしろがったりするのは、実は、自分のイメージによって自分が動かされる、ということなのです。ですから、自分がおもしろいイメージを描くことができなければ、話をおもしろがることはできないのですね。

　このことばをイメージにかえる力は、想像力といってもよいでしょうし、また大きくことばの力ととらえてもよいでしょう。そして、子どもと本の関係の弱さは、このことばの力の弱さだといってよいと思います。

　それでは、なぜ、ここ十数年ほどのあいだに、子どものことばの力が、そのように目立って弱くなったのでしょうか。それには、もっともな理由があると思います。私たちのまわりを見まわしても、子どものことばを弱くする要因をいくつも見つけることができます。きょうは、そのうちのふたつだけを、先に申しあげた、私のみなさんへのお願いに関連づけて、お話ししたいと思います。

ことばの土台は人間関係

　子どもが、以前ほど本をたのしまなくなったのは、子どものことばの力が弱くなったたからではないか、と考えるようになってから、私は、子どもとことばに関する本を何冊も読んで、自分なりに、勉強をしようと試みました。そして、そのとき手にした本の中で、もっとも多くを教えられたのは、岡本夏木さんという京都教育大学の先生がお書きになった『子どもとことば』*という本でした。この本は、赤ちゃんがどうやってことばを獲得していくかを、過程を追って説いたものですが、先生は、その中で、赤ちゃんがまだことばをしゃべらない時期、つまり生まれてから一年とか一年半のあいだを、ことばの胎生期と呼び、この時期が実はことばの発達にとって、とても大事だと述べておられるのです。赤ちゃんがお母さんのお腹の中にいるあいだに、目ざましく成長するように、子どものことばも、外には出てこないけれども、この時期、子どもの内部でぐんぐん育っているというわけなのです。

そして、先生がこの本の中で強調していらっしゃることは、ことばをはじめとして、あらゆる発達は、人間と人間の関係を場として行われる、ということです。つまり、子どもは、人とかかわり合うことを通してことばを育てていく、ということです。もっとひらたくいってしまえば、子どもとお母さんが気持ちを通い合わせることが、ことばのはじまりとしてまず大事だ、というのです。ですから、たとえば、お母さんが子どもの目をじっとのぞきこんで、子どもがお母さんをじっと見つめて、お互いの「目が合う」というようなことが、とても大事だというのです。

私は、これを読んだときにハッとしたのですが、実は、一九七〇年代にはいって、子どもが変わりはじめた、と私が最初に感じたのはなんであったかというと、お話の時間に、私の目を見ないでお話を聞く子が出てきた、ということだったのです。目を合わせるということは、コミュニケーションの一番の土台なのですね。

目を合わせることからはじまって、子どもはお母さんと（あるいは、お母さんと同じように身近な人と）のあいだに、気持ちが通じるという体験をします。別のことばでいえば、信頼関係を築きます。この信頼関係の上に立って、お互いに通用する何か——身ぶりとか、声とか——を生み出していって、その特定の動作や音声が、いつも相手に決まった反応を引き起こす状態にもっていく。たとえば、子どもが顔を何かにこすりつけるような動作をするときは、眠いということだ、とかですね。すると、お母さんがそのサインを読みとって、おふとんに寝かせてくれる、といったこと。岡本先生は、これを「意図的道具性」（あること）と呼んで、これがことばを生み出す前段階だとおっしゃっています。

つまり、特定の人（お母さん）にしか通じないサイン（顔をこすりつける）が、だれにでも通じる「ネムイ」ということばに置きかえられていくことが、子どもがことばをおぼえるということなのです。ですから、子どものことばの土台には、通じ合う人間関係というものがなくてはならないのです。

子どものことばをよく聞くこと

そこで、私が申しあげたいのは、子どものことばの力が弱いということの背後には、人間関係、人間と人間の結びつきが弱くなっている、ということがありはしないか、ということです。ことばをかえれば、子どもたちは親（あるいは、先生、その他のおとなたち）によって、しっかり見つめられ、たっぷり愛され、互いに気持ちが通い合うという体験を十分味わっているだろうか、ということなのです。それが根っこのところになければ、子どもはことばに対しても、しっかりした信頼の念を育てることはできないと思うのです。

その意味で、みなさんにお願いしたいのは、どうぞ子どもとしっかり向き合って、子どもがいおうとしていることに耳を傾けてください、子どもと気持ちの通じ合える関係を育ててください、ということです。

先日も、大学の教授をしている友人と話をしておりましたら、学生たちが自分と関係をもつもち方があまり下手なのに驚いてしまうというのです。学生が百人いるとすると、そのうち五十人は、何もしないうちから反発する。残りの四十五人は、敬遠して遠ざけるという感じで寄りつかない。普通の人間同士として、あたりまえにつきあうことのできる学生が五人くらいしかいないと嘆くのです。そして、彼女がいうのは、この子たちは、小学校時代、中学校時代、高校時代、いったい先生とどういうつきあい方をしてきたんだろう、ふしぎでしょうがない、というのです。人と関係を結ぶのがとても下手だって。

　そういわれればそうかもしれませんね。たとえば、核家族になって、おじいさん、おばあさんとはいっしょに暮らさない。兄弟の数も少ない、ということが、まずありますね。近所づきあいというのも、あまりない。買物ひとつするにしても、自動販売機にお金を入れてボタンを押せば用が足りる。お店の人とやりとりしなければものが買えないというわけではない……となると、関係をもつ人の数が非常に限られてきて、人とかかわる機会が少ない。従ってそのための訓練もできない、ということになるのでしょう。

　世の中がそういう状況だからこそ、よけい、心して子どもとの関係をしっかりしたものにしていただきたいのです。このごろ、小学校の低学年を担当する先生方が、子どもたちが話を聞いてくれないのに困るということをよく聞きます。お話の時間にも、はじめのうちは、集中してお話を聞くことのできない子がいます。いろいろな理由のあることでしょうが、人の話を聞けない子の中には、自分の話をよく聞いてもらった経験がない子が多いのではないでしょうか。しっかり自分のいうことを受けとめてもらっていれば、人の話を聞く態度も自然に生まれてくるのではないかと思います。人の話を聞けない子は、おそらく集中して本を読むということも、よくできないのではないでしょうか。ことばを信じて、話の中へはいりこむためにも、その子が、人を信じて、人と安定した人間関係をもっているということが、もとになると私は思っています。

氾濫することば

人間関係が貧しいのと反比例して、私たちの暮らしの中には、ことばがふんだんにあふれています。それも、むだなおしゃべり、空疎なことばが。聞いてもいないのにテレビやラジオがつけっ放しになっている、ということはよくあります。そして、そのテレビ、ラジオから流れてくることばのうち、本当に実《じつ》のあることばがどれだけあるでしょう。それを聞き逃したら困るとか、それを聞いたから生きる助けになったとか、そういう、聞く人にとって、本当に切実な、意味のあることばがどれだけあるでしょう。テレビ、ラジオを二十四時間つけっ放しにしておいたとして、そこで話されたことばを全部、原稿用紙に書きとったら、いったい何枚になるかわかりませんが、そのうち、聞いても聞かなくても、どうってことはないようなことばを消していったら、どれほどのことばが残るでしょう。これぞということばは一行もない、という日だってあるのではないでしょうか。

テレビの空疎なことばといえば、たとえば事故のときのニュースなど、亡くなった人の家族に、アナウンサーがマイクをつきつけて、何かいわせたりすることがありますね。アナウンサーはそれが仕事ですから、遺族の姿を見て胸がいっぱいになって、何もいえずにただそばで涙を流していた……ということではお給料は貰えないのかもしれませんけれど、しかし、ことがらの重大さや、当事者の悲しみの深さに匹敵する、しっかりした響きのあることばが自分のうちから生まれてくるのを待たずに、非常に薄っぺらな、ありきたりのことばで、インタビューをしたり、状況を説明したりすることが、ままあります。そうすると、それによってことの重大さや、そのことの関係者にとっての意味が矮小化されてしまいます。こういう姿を見せつけられていると、私たちにとってのことばの意味もまた、弱められてしまうでしょう。

実際、今の世の中にはことばが氾濫しています。ですから、子どもはたくさんのことばを、早くからおぼえます。「おやっ？」と思うようなむつかしいことばも知っています。

私どもの文庫のひとつで実際あったことですが、四つになる女の子に、「どんな本が好き？」と、きいたら、「ママにきいて」という返事が戻ってきたというんです。それで、「ママの好きな本をきいてるんじゃないの。あなたの好きな本をきいてるのよ」といったら、彼女答えて曰く「だって、ママの方がわたしの人生よく知ってるもん」！

そういうふうに、四歳の子どもが「人生」などということばを使う。別に間違った使い方をしているわけではありませんが、そして、これも先ほどいった「ことばによる体験の先取り」のひとつといえなくもありませんが、この手の、自分で実感できないことばを早くから大量に知ってしまうことは、必ずしもいいことではないと思います。ことばの値打ちが、相対的に下がってしまうと思いますから。

ことばのスピード

ことばの量だけでなく、スピードということもあると思います。話すスピードがどんどん速くなっているということです。それが、ことばを軽く受け流すことにつながっていると思うのです。

ゆっくりと、一語一語かみしめるように話されることばに対しては、聞く側もおのずから丁寧に聞くようになるが、せかせかチャカチャカとしゃべられると、こちらもぞんざいに聞き流してしまう。たとえ同じことをいわれたにしても、です。

私は、子どもにお話をしますので、語りの間《ま》ということに関心があります。先日も、ある語りの勉強会で、ひとりの方が、「小さなせむしの少女」(『ふしぎなオルガン』*所収)というお話をなさいました。これは、お母さんに死なれたせむしの女の子が、新しく来たお母さんに邪険にされ、外へも連れ出してもらえないために、体が弱って死んでしまう。すると、天使がお墓へその子を迎えに来る……というお話ですが、おしまいのところは、このようになっています。

――さて、女の子が、お墓に埋められてしまいますと、大きな白いハクチョウのつばさをもった、ひとりの天使が、天から舞いおりてきて、女の子のお墓のそばに下り立ちました。そして、まるで家の戸をたたくように、お墓をコツコツたたきますと、すぐ女の子がお墓のなかから出てきました。

　女の子は、自分を天国のおかあさんのところへつれてゆくために、やってきたのだという、天使の話を聞きますと、はにかみながら、ほんとに、せむしの子どもが天国の人になれるのでしょうかとたずねて、わたしには、そんなことはとうてい考えられません、だって天国は、とても美しい気高いところだといいますもの、と言いました。

　けれども、天使は、

「安心おし。おまえは、もうせむしじゃないよ。」

と、言いきかせて、白い手で、女の子の背中をさすりました。そうすると、例のみにくいこぶが、大きなぬけがらのように、ポロリと落ちました。
そして、そのなかに何がはいっていたでしょう？　二枚の、白い、すてきな天使のつばさでした！

これはだれしもハッと心を打たれる場面です。しかし、このお話を、文章の終わり目ごとに、十分間《ま》を取って、深く呼吸しながら語るのと、全然間《ま》を置かずに、浅い息で語るのとでは、聞く人の気持ちは非常に違ってきます。ゆっくり語られると、物語は精神の深いところへ届きますが、急いで語られると、心の表面をなでて通るだけになります。実際に試してごらんになってください。驚くほどよくおわかりになるでしょう。

ということは、間《ま》が、実は物語をふくらませている、ということです。ことばを聞いても、そのことばについて思いめぐらす時間がなければ、それによってイメージをつくる時間がなければ、その意味は十分とらえられないのです。

そう考えてきますと、また反省する必要が出てきます。私たちは子どもに話しかけるとき、次から次へ、息もつかずにおっかぶせるように話していないだろうか。子どもがそれについて思いめぐらすことができるような時間——間《ま》をもって話しているだろうか、と。

今の子どものことばの力の弱さは、このあたりにも原因がありそうです。

世の中の動きに抗う

ことばが氾濫していることについても、ことばのスピードが速くなっていることについても、人間対人間のコミュニケーションが少なくなって、機械を通したマス・コミュニケーションが増大していることについても、それは社会全体の変化なのですから、個人として、すぐにそれをどうこうすることはできません。時間をかけて、ゆっくりそれに適応していくしか、道はないのかもしれません。

しかし、少なくとも、今、私たちにできることは、これらの変化に、自分たちで加速度をつけないことです。少なくとも、これらの傾向を煽りたてることだけはしたくないと思います。ことに生まれてから最初の数年を生きている子どもたちに対しては。

子どもの耳もとで、一日中テレビが鳴っている、というような状態をつくらない。親と子が、あるいは家族が、ゆったりと、目と目を交わして話をする。むやみに子どもをせきたてない。(お母さんが子どもにかけることばのうち、もっとも多いのが、「早く」と「ダメ」だと聞いたことがありますが。) 子どものいうことは、しっかりと聞いてやる。子どもに本を読んでやるときは、できるだけ間《ま》を生かして……等々、今でも私たちの心がけ次第でできることは、いくらでもあります。つとめてそうしてくださいと、お願いしたい気持ちでいっぱいです。

子どものことばを育てるのに、私たちがおすすめできるのは、本を読んでやること、お話をしてやることだと申しあげましたが、それにしたところで、当の子どもが、今、どんな気持ちでいるのか、どんな状態にあるのかを見ようともしないで、子どもが何をいいたがっているのか聞こうともしないで、ノルマをこなすように、早口で本を読んでやるというのは、愚かなことだと思います。そのような本の読み方は、「私は、子どもに本を読んでやっているのだ」という親の満足にはなるかもしれませんが、親と子どもが共有できる満ち足りた喜びを生み出すものではないでしょう。

子どものことばは、その子の一生のものですから、幼いときには一冊、二冊の本を読んだかどうか、ということよりも、ことばに対して基本的な信頼を育てることの方が、ずっと大切だと思うのです。そのためには、これまでお話ししてきたように、子どもとの人間関係を大事にする——子どもがいいたがっていること、いおうとしていることをよく聞くこと、子どものことばの環境をよくすることに心を用いていただきたいと思います。

子どもに本を読んでやってください、お話をしてやってください、という私の三つ目のお願いはその上でのことです。図書館員としては、本来この最後のお願いを、まずしなければならないところですけれども。

本＝ことばの文化遺産

三つ目のお願いについては、詳しく述べる時間がなくなりました。しかし、この点は、おそらくここにいらっしゃるみなさんには、よくわかっていらっしゃることだと思います。ここで私が、たくさんことばを重ねてお話し申しあげるまでもないでしょう。ほんの一、二のことをお話しして、しめくくりにしたいと思います。

先ほど「図書館員は、本はよいものだと信じている人たちの集団だ」とおっしゃった館長さんのお話をいたしましたが、では、「本はよいものだ」というときの本とは、いったいどういうものを指しているのでしょう。（中には、いいものだとは思えない本もありますから！）大変はしょった言い方をして申しわけないのですが、私は、ここでいう本は、大づかみにいって、私たちの文化遺産のうち、ことばの形をとったもの、というふうに考えております。

これまで人類が、何千年にもわたって、地球上のあらゆるところで生きてきて、その生《せい》の中から、これこそ真実だと発見したこと、こうしてはいけない、こうしなければいけないと経験から学んだこと、これはおもしろいと思ったこと、たのしんだこと、それらすべてのもののうち、ことばに託して次の世代の人へ伝えようとしたもの、それが本だ、と。ですから、口承の物語も、活字にはなっていないかもしれませんが、広い意味で本に含めて考えています。

そして、私たちは、生きていく上で、どうしてもことばの文化遺産に頼らなければならないものだと私は思っています。ただ、生命を維持するだけなら、その必要はないかもしれませんが、社会生活を営むためには、さらによりよく生きる、あるいは、より豊かに、よりたのしく生きるためには、私たちの社会の文化的伝統に深く学ばなければならないと思います。それをさせてくれるのが本であり、そうだからこそ、本はよいものだといえるのです。

先日、丸善がグーテンベルク聖書を入手して、それを公開する展示会がありました。私も行って見てまいりましたが、数ある書物の中でも、聖書などは、まさに人類のことばの遺産の最たるものでしょうね。展示会場を出てすぐのところに、特設会場ができていて、たくさんの聖書が売られていました。二千年の昔、遠い国で書かれた書物が、今、こうやって数多く版を重ね、この国で読まれている。そして、それを手にする人たちのうちの何人かにとっては、これが文字通り、生命を支える本になっているのだ、という感慨をもって、そのたくさんの聖書を眺めたことでした。私は、歴史的、美術的に価値のある一冊のグーテンベルク聖書そのものよりも、同じことばが、今も本となって、多くの人に読まれているという事実の方に打たれました。

実際、聖書が書かれてから今日までの、人間生活の変化を考えれば、これはすごいことですね。聖書に限らず、本の中には、時代の変化を超えて生きつづけているものがあります。本はよいものだというとき、私たちはやはり本の中にある永続的な価値を見ているのです。

永続きする本、変わらない本があるということは、逆にいえば、読者である人間の方も昔からそう変わっていない、ということでしょうね。そう考えると、ちょっと安心します。

そして、ここ十年や二十年の変化でうろたえた自分が、恥ずかしくなります。人間がそんなに急に変わるわけがない。第一、脳の仕組みが一世代や二世代で変わるはずがないのだから……と、少し落ちついた今は、考えることができるようになりました。

たしかに、環境や生活はどんどん変わっています。子どもたちを取りまく状況も、昔と違ってきています。それが子どもたちに影響を及ぼさないわけはありませんが、しかし、それで、子どもの何もかもが変わってしまうことはないでしょう。子どもたちが育っていくときに本からあるものを受けとること、そして、それが子どもの幸せにつながることは、今も昔も変わらないと信じます。

「人間っていいねえ！」

私たちの図書室で、最近あったことなのですが、ある館員が、六歳の女の子に本を読んでやっていました。『みんなのこもりうた*』という本です。これは今ではもう、手にはい

らなくなった本ですから、ご存じない方もいらっしゃるかと思いますが、幼い子のための詩の絵本で、

あざらしの　こが　ねています。
あざらしは　はまべで　ねむります。
なみは　まわりで　おどります。
けれども　だれも　あざらしの　こに
こもりうた　うたっては　やりません。

とはじまり、ついで、カモメ、クマ、ウサギ、リスと、次々に動物が登場します。そしてその動物の子どもたちが眠る様子をうたいますが、しめくくりは、いつも「だれも（そのこに）こもりうた ぅたっては やりません」です。
それがくり返されて、最後は、人間の子どもになります。

ちいさい　あかちゃんが　ねています。
ふとんの　なかに　ねています。
ねんねんよう　ねんねんよう
おかあさんが　こもりうた　うたいます。
おとうさんが　こもりうた　うたいます。

（石井桃子訳）

その六歳の女の子は、読んでいくうちに、だんだん館員に身をすりよせてきて、おしまいには、すっかり身をあずけるようにして聞いていたそうですけれど、読み終わると、その館員の首に両腕をまわして、「人間っていいねえ！」と、いったというんです。こういうことがあると、私たち児童図書館員は、「子どもっていいねえ！」「本っていいねえ！」「児童図書館員という仕事はいいねえ！」と、叫びたくなるのです。

今という時代は、本当にむつかしい時代だと思います。大きな変化が続き、これまでになかった問題が次々と出てきて、だれもが程度の差こそあれ、不安を感じています。しかし、問題を解決するのは、やっぱり人間なのですし、問題が困難であればあるほど、私たちはことばの遺産＝本により深く頼らなければならないでしょう。そして、その本の世界へ子どもたちを連れていくのはおとなの役目です。どうかここにいらっしゃるみなさんが、そのお役目を大事にして、子どもの世界とことばの世界をつなぐ橋になってくださるようにお願いいたします。

心を養うことば

これは一九九五年十月二十一日、東京・調布市立図書館（新中央図書館）の開館を記念して行われた、同館主催の児童文学講演会の記録（同館刊行）に手を加えたものです。

ことばに興味をもつ

今、館内を大急ぎで見せていただきましたけれども、大変立派な図書館ができておめでとうございます。新館の開館記念ということでお招きいただいて光栄です。ただ、きょうお話しすることは、私が常日ごろ考えていることではあるのですが、人前でまとめてお話しするのは初めてなものですから、少し半熟にならないかと思って心配しております。

ご紹介をいただきましたように、私は子どもの図書館の仕事をしているのと同時に、子どもの本を書いたり、訳したりする仕事をしていて、きょうタイトルにしました「ことば」というものにずっとかかわってまいりました。私は、ことばといっしょにというか、ことばというものに常に関心をもって暮らしてきたことを、自分としてはとても幸せに思っています。そして、その好きなことが仕事と直結しているのを幸せだと思っています。

もし、生まれ変わってまた人間になれば、同じ仕事をしたいなと思っていますけれども、もし別の仕事をしなければならないとしたら、どんな仕事をしたいかというと、ひとつだけなりたい職業があります。それは辞書の編纂なんです。できれば、外国語をいくつか勉強して――外国語と日本語ではもののとらえ方というのがやはり違いますでしょう――ひとつのことばを別の国のことばに移しかえるための辞書をつくりたい。できれば、外国の人が、日本語を使いこなすための辞書づくりですね。

私がことばの仕事をしていてときどき困るのは、日本ではことばの使い方を、たくさん例をあげて説明してくれている辞書がなかなかない。たとえば、同じ「多い」という意味の形容詞でも、多いことがとてもいいことだと思うときに使うことばと、多すぎて困るときに使うことばに違いがあると思うんですけども、そういうニュアンスの違いを詳しく書いた、かゆいところに手の届くような辞書をつくれたらいいなと思っているんです。

図書館員は、本を扱うのが仕事ですが、本というのは、結局、ことばでできていますから、当然ことばに興味をもつものですが、私が特にことばに興味をもつようになったのは、やはり子どもたちにずっとお話をしてきたからだと思います。お話をするときには、今はいろいろな資料からお話を見つけ出してきて、それを自分でおぼえるということをしますが、その過程で同じことばを何回もくり返して口に出さなくてはいけないし、そのことばについていろいろ思いめぐらさないといけません。ですから、そういうことをしていると、ことばに対して敏感にならざるを得ないということがあります。また、実際そのようにしておぼえたことばで子どもたちにお話をしますと、そのことばに対して、子どもがいろいろな反応を見せます。そのことからまた、ことばに対していろいろ感じることが出てきます。

子どもといっしょに本を読むと……

子どもといっしょに本を読んだり、本を読んでやったり、お話をしてやったりすると、ことばには実際ものを動かす力があるんだということを感じさせられることがあります。ふだん自分で本を読んでいるときは、慣れてしまっていて、感じないでいるのですけれども、子どもといっしょに絵本などを読んでいますと、それが起こるんですね。

子どもは字が読めないわけですから、私が声に出して文字を読むのを待っています。たとえば、動物の絵本や、機関車の話の本を目の前に置いて、私が「むかしむかし、あるところに、キツネがいました」とか、「いなかの　まちのちいさな　きかんこに、やえもんというなの　きかんしゃがおりました」とかいうように、読んでいくわけですね。すると、その私のひとことで、お話がはじまる——ことばを口にしたことによって絵本が立ちあがってくる、という感じを受けることがあるのです。自分で読んでいるときは感じないのに、子どもといっしょに読むと、それがピッと感じとれる。なんというか、ことばを発したがために、そのことが命をもってくるという感じですね。

また、絵本の中には、字のないものがあります。それを子どもといっしょに見ていると、子どもはしきりに「何かいえ、いえ」とせっつきます。私が何かいわないと、ものごとがはじまらないと感じているらしいのです。それで、私が絵を見ながら、その場でことばをつくり出して何かいいますと、満足してくれます。

そういう子どもの様子を見ていますと、子どもの中には、ことばというものが発せられることによって、そこで何かが本当に起こる、という感覚があるのだなと思います。聖書の創世記に、「神光あれと言いたまいければ光ありき」というところがありますが、そのようにことばを発したら、そこに何かが生じたという関係を非常に生々しく感じさせる何かがある。ですから、子どもといっしょに本を読んでいますと、ことばの力について考えさせられるようになります。

子どもが使うことばもなかなかおもしろくて、そのことから興味をかきたてられることもあります。今でもおぼえておりますが、私の文庫に、ふたつ半くらいから来ていたMちゃんという——今は大変立派なサラリーマンになってしまいましたけれども——男の子がいました。大体、男の子は四年生ぐらいになると来なくなってしまうんですけれども、その子はずっと来ていて、体もかなり大きかったもんですから、五年生か六年生ぐらいになるころは、狭い文庫の中では突出して大きな存在になっていました。

本人も、自分はここのジェネラルマネージャーだと称して、文庫ではいばりちらしていました。小さな男の子たちに対して、「黙れ、うるせー」とか、「この野郎」とか、大変乱暴なことばを使って君臨していたのですが、小さな男の子たちの方も、大きなお兄ちゃんにかまってもらうのがうれしいもんですから、わざと突っかかるようなことをいって、彼にどなられることを、ある種たのしみにしているというようなところがありました。

そのMちゃんがあるとき、小さい子が何かいったのに対して、「黙れ！」といって、「この野郎、小生意気な口ききやがって」と、いったんですね。それが私にはとてもおもしろかった。というのは、「生意気な」口ききやがってといわないで、「小生意気な」口ききやがってといったからです。それで、「Mちゃん、小生意気と生意気はどう違うの？」ときいたんです。そしたら、彼、「生意気は生意気でしょう、小生意気は小生意気です」といって、逃げてしまったんですね。

でも、私は、「小」がつくというのがすごくおもしろかったので、「じゃあ、小がつくことば、ほかに知っているのがある？」と、たずねたら、彼の方は、何も思いつかなかったんですけれども、私は一所懸命考えて、「馬鹿にする」というのに対して「小馬鹿にする」というのがある。「憎らしい、小憎らしい」、「うるさい、小うるさい（ばばあ）」、「汚い、小汚い」、「さかしい、小ざかしい」、「難しい、小難しい」、「面《つら》憎い、小面《こづら》憎い」もあるな、とか考えて、一所懸命「小、小、小」と考えてみたんです。「ちんまり、小ぢんまり」、「さっぱり、小ざっぱり」、「きれい、小ぎれい」、「高い、小高い（丘）」というようなものもある。「暗い、小暗い」というのもある。

そういえば、「小鼻をうごめかす」とか、「小耳にはさむ」というように「小」をつけるのもある。というわけで、Mちゃん相手に一所懸命国語教室なんぞ開いてしまいました。生徒の方はあまり興味を示さなかったんですけれども（笑声）、先生の方が非常に乗ってしまって、一所懸命「小、小、小」とやって。どうも「小」がつくと、こちらの神経に刺さってくるいらいら度というのがちょっと高まってくるし、いらいらさせるもとになるものが矮小な感じをもっているなとか、いろいろなことを話したんです。

Mちゃんは、そのときは、おもしろくなさそうな、わかったようなわからないような顔をして聞いていたんですが、その話にはちょっとした落ちがありまして、それから何日かたったあとで、また小さな子たちがMちゃんにちょっかいを出してどなられることがあったんです。そしたら、Mちゃんのいいぐさがいいではありませんか。「うるせー、この野郎、黙れ。てめーら、生意気と小生意気の違いも知らんくせして」と。（笑声）私はそれがおかしくて忘れられなかったんですけれども、そのようにして子どもといっしょに何かしていると、ことばというものについていろいろなことを思わせられることがあって、おもしろいなとつくづく思うんです。

子どものことばの力の弱まり

けれども、私が、本当にことば、それも子どものことばの力というものに関心をもつようになったのはもっとまじめな理由からです。関心をもたざるを得なくなったというべきでしょうか。この間の事情については、たとえば、今、館長さんのお話の中で、私の著書としてご紹介くださいました『サンタクロースの部屋』*や、そのあとで出た『こども・ころ・ことば』*という本に、かなり詳しく書いてあります。お読みくださった方もあると思いますが。

実は、私は仕事をはじめてから、今年で二十五年になります。そして、この四半世紀のあいだに、子どものお話の聞き方や本の読み方が大分変わってきたことを感じてきました。ことにお話を聞いたときに子どもの見せる反応が、ずいぶん違ってきたことを見てきました。

ただ、みなさんがあまりご心配なさるといけないので急いで申しあげておきますが、私がそういう子どもの様子を一番心配したのは一九七〇年代の後半ぐらいで、一九八〇年代にはいると少しよくなりまして、今は子どもたちが、全体として、ある意味で少し元気を取りもどしつつあるという印象を受けております。けれども、私が本当に何も知らずに、やみくもに仕事をはじめた一九六〇年代後半あたりのころに比べますと、やはり子どものお話の聞き方というのは、相対的に弱くなってきているというのは否めない事実だと思います。こちらは、二十五年間同じお話をずっと語りつづけていますし、語るたびごとに下手になるということはないと思うのです。語っているうちに、自分としては、少しずつ間《ま》の取り方なども落ちついてきて、聞きやすい形になってきているはずだと思うんです。ところが、子どもの喜び方は、逆に弱くなっている。

昔の子どもは、私が下手で一所懸命語っていたときも、とてもよく聞いてくれました。はじめのころ語っていたのは、大阪の中央図書館とか、自宅の文庫でしたけれども、大勢の子どもが本当にシーンとしてしまうこともあったし、最後のことばをいうかいわないかのうちに、いっせいに「もういっぺん！」という声があがったこともありました。ただのことば遊びのような単純な話でも大変喜んで、うちの文庫では八畳の和室でお話をしていたんですけれども、笑いころげて後ろへひっくり返り、そのままごろごろと畳の上を転がって壁際までいって、またごろごろ戻ってきて、そして起きあがって続きを聞くというようなことが、そんなにめずらしくなく起こっていました。今、そのようなエネルギーのある反応を見せる子は、非常に少なくなってきました。笑うときでも、ちょっとお上品に笑うようになってきて、はじけるように笑うということが少なくなってきました。そして、今申しあげたように、一九七〇年代の終わりぐらいは、そういうことが目立ってきて、どうしてしまったんだろう、どうなるんだろうと思って、本当に心配したものでした。

そういう事実を目の前にして、では、同じことばで同じようにお話をして、ある子ははじけるように喜び、ある子は別にどうってことないよという顔をしているのはなぜなのか、ということを考えてみますと、それはお話の側にでなくて、聞いている側に原因がある。それはもうはっきりしていますよね。あることば（物語）を聞いて子どもがおもしろがるというのは、子どもがそのことばを手掛かりに自分の心の中に、あるイメージをつくって、そのイメージをたのしんでいるということです。

ですから、反応の違いは、ことばを聞いて、それを絵にする力、あるいは、描かれている状況を理解する力、その情景を見る力、主人公の気持ちや立場をあたかも自分の身に起こったものであるかのごとく感じる能力等々の違いといえます。そういう能力をひっくるめて、想像力といってもいいかもしれないし、共感能力、あるいは映像化する能力といってもいいかもしれない。それらをひっくるめて、ことばの力といってもいいでしょう。つまり、ことばから何かを引き出してくる力という点でいえば、今の子どもの方が昔の子どもに比べて相対的に弱くなっているということは、どうしても認めざるを得ない事実だと思います。

ことばの力を弱くさせる要因

ことばの力が弱くなったのは、子どもばかりではありません。これから先の話は、子どものことだと思わず、おとなも含めて、私たちみんなの問題としてお聞きいただきたいと思うのですが、どうして私たちのことばの力が、昔に比べてこう弱くなってきたのでしょう？　それは、今の世の中にことばの力を弱くさせるような要因がいっぱいあって、それが常時私たちに作用しているからだと思います。

ひとつは、私たちが自分で体験しないのに、たくさんのことばをおぼえてしまうということです。自分の感覚器官とか運動器官を通してでなく、テレビなどから単なる知識として、たくさんのことばがはいってきます。中には、生活に全然必要でないことばもたくさん含まれています。

今年にはいってからは、私たちを震撼とさせたオウム真理教が引き起こした数々の事件のために、半年前には私たちの語彙の中に存在しなかった「サリン」とか「ポア」ということばが、しっかりとはいってしまっています。そういう普通に暮らしている人たちには必要のないことばまでが、ニュースなどを通していっぱい押し寄せてきます。そのように、自分の生活に直接関わりのないことばを、たくさんおぼえるということは、たくさんのことばに対して、自分自身あまり親身になれないということになりますね。

逆に、私たちが本当に知っていなければならない、日常的に常時使いこなさなければならないことばにしても、やはり生活が機械化されて、いろいろなことが分業化されてくると、親身でなくなるということがありますね。たとえば稲が育つ、牛が育つというような「育つ」とか、「蒔く」とか、「刈り取る」というようなことばにしても、昔の人ならば自分がしたこととして知っていたでしょうけれども、今は、お百姓でない私たちは、そういうことをただことばとして知っていて、体で知っているわけではないのです。

グリムの昔話の中に、「こびととくつや」という話があります。ご存じでしょうけれども、貧しい靴屋の夫婦が、夜、靴を縫うための革を裁って、仕事場に置いておくと、朝になるとそれがきちんと縫いあがっている、実は小人がやってきて、靴を縫ってくれていたのですが。この話をもう二十何年ずっと子どもに語りつづけている私の友だちが、あるときいうには、昔の子どもは、夜裁って置いておいた革が、次の朝ちゃんと靴になっていたというところで、みんな驚いたような、うれしそうな顔をしたものだ。ところが、今の子どもはそこではなんの反応も示さないで、つるっと通り過ぎてしまう。今の子どもたちが一番喜ぶのは、最後にふたりの小人が、おじいさんとおばあさんにつくってもらった小さな上着やら靴やらを身につけて、「これでおいらは立派な若い衆、これじゃ靴屋なんかすることはないさ」と、歌いながら去っていく場面だというんです。そこがちょっとミュージカルふうでたのしいんですが、今の子どもたちは、そこでは反応するけれども、ものをつくるところはつるるっと通り過ぎてしまう。

　別に靴でなくてもいいんですけれども、自分でものをつくるということをしている人は、「つくる」ということばに対して親しみをもっている。自分の身に近いことばとして受けとめている。でも、なんでもできあがったものとして手に入れていると――たとえば、牛乳は冷蔵庫から来る、という認識しかもっていないと、「牛にえさをやる」とか「乳を搾る」ということばを聞いても、イメージがわかないでしょう。もし、牧場で働いている人がそのことばを聞いたら、その人の中には、手の中の牛の乳房のぬくもりだとか、力を入れて搾るときの感じとかが感覚の記憶として蓄えられているわけですから、ことばがその記憶を引き出して、体の感覚がよみがえり、体の中からイメージがわく。たとえば、本の中で「牧場の朝、おじさんが牛の乳を搾ります」という文章に出会ったとき、それをイメージできる。けれども、なんの体験もないと、イメージできないか、あるいは非常に薄っぺらなイメージしか描けない。

あるとき、新聞に、今のように鉛筆を差しこむだけで削れてしまうような鉛筆削りを使っている子どもは、「身を削る」などというような表現が出てきたときにどのように思うんだろうねというようなことを書いたエッセイがありました。（笑声）その通りで、「削る」というようなことひとつにしても、鉛筆を削るとか、ひごを削って竹トンボをつくるとかをしていないと、削るということばは知っていても、その中身がイメージできない。同じ削るのでもいろいろなものの削り方があるし、削るものの材質によっても手応えが違う。何かを削っていろんなものをつくった体験、あるいは職人さんが何かを削っているところをじっとそばで眺めていた体験があると、感覚の中に蓄積されたその経験がイメージになる。ことばとイメージのあいだに、ちゃんとつながりがあり、だから、ことばが自分に親しいものになるわけですね。ところが、感覚器官や、運動器官を通さずに、頭でだけ知っていることばがふえると、ことばとの距離が、どんどん離れていってしまう気がします。

体験に裏打ちされたことば

このことを考えるときに、私がいつも思い出して、みなさんにご紹介している本に、国分一太郎という人のお書きになった『ちちははのくにのことば』*というのがあります。晶文社から出ている本です。これはどういう本かというと、ニガイ、あまい、すい、すっぱい、シブイ、エガライ、アブラコイ、くさい、深い、ひろい、おおい、さびしい、オソロシイ、にくい、はずかしい、惜しい、あたたかい、冷《ひやっこ》い、まぶしい、むさい、やせた、かわいい等々、たくさんの形容詞を取りあげて、自分がどのようにしてそのことばをおぼえたか、そのことばを自分のものにしていったかを思い起こしてエッセイにした本なんです。

たとえば「あたたかい」ということばをひとつ取りあげてみますと、一番初めに「あたたかい」という感じをもったのは、お母さんの体からだと思うけれども、お父さんの背中にじかに裸でおんぶしてもらったことがあって、それがいわばあたたかさの原点になっている、というのです。また、うちで飼っているめんどりが卵を抱いているのを見て、家の人が「ほーら、めんどりが、ちゃーんとあったためている」というのを聞く。

国分さんは、山形の方ですが、冬、外で遊んで手がじんじんするように冷たくなって帰ってくると、おばあさんが「どれ、あったためてやる」といって、両方の手のあいだにはさんでくれたそうですが、そのあたたかさ。また、昔ですから、稲を刈ったあと、田んぼにわら束を山にして積んであるわけですが、その中に潜りこむと、それがとてもあたたかい。

雪国は雪が降る前の方がかえって寒く、雪が降ってしまうとある種のなんともいえないあたたかさがあるらしいんですが、人々が「早ぐ雪がつもって、あったかくなればよいなあ」といいかわすのを聞く。もちろんいろりはあたたかい、こたつもあたたかい、寝るときに布団の足の方をつなぐようにして寝るとあたたかい。あるいは、わら靴をはいているときに、そのわら靴の中に唐辛子を入れておくと、足があたたかい。綿入れを着て、子どもたちがお互いの背中にぷーと息を吹くと、そこがあたたかくなる。雪踏みをするとか、押しくらまんじゅうをして遊ぶ、それが体を内側からあたたかくする。そういうことをやって部屋にはいってくると、昔はみんな丸坊主にしていましたから、頭からふわふわと湯気があがるらしいんですけれども、そういう湯気を見て「おまえの頭から湯気が出ている」、「おまえも出ているじゃないか」といい合う……。

学校ではお昼のお弁当をストーブのまわりで温めるんだけれども、お昼近くになると、その中に入れた、たくあんだのなんだののにおいがぷーんとしてくる、そうして温めたお弁当を食べるあたたかさ。そのころはお茶なんてものはなくて、お湯を飲んでいたというんですけれども、大きなやかんに、朝からシューシューわいていたお湯を、みんなの茶のみ茶碗に入れてもらって飲むときのあたたかさ。寝小便する子は、赤犬の肉を食うと体が温まって治るんだといって、気持ち悪い思いをしながらそういうものを食べる。大根の煮たのは温め返しがことさらうまいといって、前の日に炊いた大根を温めて食べる。その味のしみた大根のおいしさとあたたかさ。そういうふうに、国分さんがどんな体験から「あたたかい」ということばを自分のものにしていったかが、こと細かく、また非常に美しく書いてあります。国分さんの「あたたかい」ということばの裏付けになっている体験は、驚くほど豊かです。また、そこには多くの、まわりにいる人間との関わりが織りこまれています。

私たちも「あたたかい」ということばをふだんのことばとして使っています。そのことばの背後には、私たちが「あたたかい」と感じた体験が全部つまっているわけです。はたして私たちの体験が国分さんの体験ほど細やかな、彩りに富んだものかどうかと考えてみると、国分さんが「あたたかい」ということばを使うときと、私が「あたたかい」ということばを使うときと、その「あたたかさ」の度合いがやはり違うなということを思わざるを得ない。そして、今の子どもたちが「あたたかい」ということばの裏付けとして、どんな経験をもっているかと考えさせられます。

国分さんは、このエッセイの一番おしまいの方で、そういうことにちょっと触れていらして、子どもたちの「あたたかい」の体験が、たとえば道路や駅なんかにたくさん置いてある自動販売機に「あったかーいコーヒー」「つめたーいお茶」なんて書いてある、その「あったかーい」なんだろうかと、少し皮肉っぽく書いていらっしゃいます。

あまりにも便利で楽な暮らしをすることによって、私たちの生活体験は、非常に貧しくなってきています。そして、そのことによって、私たちのことばがいってみれば、どんどん内容の薄いものになってきている。そのためにことばが弱くなってきているということはいえると思うんです。

空疎なことばの氾濫

もうひとつは、私たちのまわりに、あまりにもたくさんことばがあり過ぎることだと思います。私たちの生活の中には、いってもいわなくてもいいような空疎なことばが氾濫しています。私たちは、そういう、どうでもいいようなことばに四六時中取りかこまれて暮らしているように思います。政治家のことばなどというものは、本当に空疎なことばの見本になっています。子どもたちは、それをニュースで見聞きしています。それは、まるでことばというものはそれほど大事ではないんですよ、本気になって使うものではないんですよ、ということを教えられているのと同じです。また、テレビのコマーシャルがしょっちゅう聞こえているというのも、やはり、ことばが空疎なものになることを強めていると思います。

そういう耳から聞こえてくる話しことばだけではなくて、数多く発刊されている週刊誌などというものもペラペラめくってみるだけのもの。その中にとっておきたいことばなど、まずあったためしがありません。そういうものに囲まれて暮らしているということは、ことばをどうでもいいもののように思うようにしむけられているということです。そういう環境の中に育ってくると、どうしてもことばというものをおろそかに扱うようになると思います。

ことに、まだことばが出てくる前の、とても大事なゼロ歳から二歳ぐらいまでのあいだに、子どもの耳もとでしょっちゅうテレビの音が聞こえているという状態は、子どものことばを育てる上で、本当に破壊的な働きをすると思います。というのは、そういうものがしょっちゅう耳もとで鳴っていると、どうしてもそれに注意を払わなくてもいいという態度を子どもが身につけてしまうからです。それは、ことばは発せられているけれども聞かなくてもいいですよ、ということを教えているのと同じことです。そのことばをよく聞いていないと何か困ることになるということばだったら、人はやはり注意して聞くでしょう。注意して聞くということは、ことばをしっかり受けとめるということです。聞いていても聞いていなくてもどうでもいい。鳴っていても鳴っていなくてもいいというような音が、しょっちゅう身のまわりにあるということは、ことばに対して注意を払わない態度を育てます。

ことばの騒音化と画一化

このことについては、マックス・ピカートという哲学者が『沈黙の世界』*という本の中で、よく胸に落ちるように論じていらっしゃいます。この方は聞いていても聞いていなくてもいいことばのことを「騒音のことば」というように呼んでいます。この本の中にラジオという章がありますが——これは日本の今の社会の中ではテレビに置きかえてもいいと思いますけれども、ラジオの音が四六時中聞こえている状態でどういうことが起こるかということについて、ピカートは次のようにいっています。

「人間は、自分がラジオの騒音にとりまかれていることにもはや気づきもしない。ラジオの騒音はぶんぶん唸る、……しかし、人間はそれをまるで聞いてはいない。あたかも、ラジオの騒音はやかましく鳴りながら、少しも存在していないかのようである。それは人間にとって一種の喧噪な無言でしかない。それは終日大声でがなりつづけることも出来る、しかし、人間は一日の大部分、それに全然注意しはしない。人間はラジオから彼にむかって叫ばれることを、大抵の時間、まるで聞いていないのである。語らせておきながら、それを全然言葉として受け取らないこと、……それは言葉に対する最大の侮辱である。ラジオは、もはや言葉に耳を傾けないように人間を教育するのである。だが、言葉に耳を傾けないということは、とりもなおさず人間にもはや耳をかさないことである。そしてそのことは、人間を『相手の人』から――『相手の人』に心を向けることから――強引に連れ去ること、したがって愛から連れ去ることを意味している」（同書二四五ページ）と。

これは、まさに今の日本の環境です。四六時中騒音のことばに取りかこまれている。それから逃げようと思うと、どこかへ逃避しなければならないほどです。タクシーに乗ればカーラジオが鳴っている。百貨店にはいればアナウンスがある。どこかへ行けばバックグラウンドミュージックが鳴っている。どこへ行っても逃れることができなくて、それでいて、うちに帰れば、なんとなく自動的にテレビのスイッチを入れてしまう。あれをやっているから五時だとか、五時半だとか、時計を見ればすむことなのに、テレビをつけっ放しにする。おとなにとってはそれほどのことではないかもしれないけれども、その中で生まれて初めて、耳を立てて外の世界を聞こうとしている子どもの耳に、そういうものが四六時中はいってくることはどうでしょう。やはり子どもをことばから遠ざける働きをしていると考えないわけにはいきません。

ピカートもいっていますけれども、ラジオから発せられることば、テレビから出てくることばが全部悪いことばというわけでは、もちろんありません。けれども、どんなにいい番組でも、たとえばそれが十五分刻みで行われて、切れていくというようなことが、私たちの精神生活にどのように影響するか、ということを考えると、やはりそれは大きなものがあると思うんです。

たとえば、はじめにニュースがあって、そのあと、十五分ドラマがあって、そのあと、いじめに関するドキュメンタリーがあって、それがすむと、きょうの健康というので糖尿病の話があって、それがすむと古典への招待というので、シェークスピアの話があって、それがすむと語学講座で、イタリア語があって——というように番組が続いたとします。

ひとつひとつの番組は、それぞれにいい番組であるかもしれないけれども、そして、自分からちゃんと聞こうと思ってスイッチを入れて、終わったらぱっと切る、というような聞き方をすればまだしも、そうではなく、ただ鳴っているから聞いているという聞き方をしているとどうでしょう。番組本来の意味は伝わらないのではないでしょうか。

よく経験することですが、みなさんにも身におぼえがありませんか？　たとえば、終戦の時期になって、広島の話とか、大戦中のホロコーストの番組とかがあって、心が大きく揺さぶられ、これは深く考えなくてはいけないと思わせられる。そのとき、ぱっと切ればいいんですけれども、そのままにしておくと、そのすぐあとが、歌謡番組になっていて、にぎやかな音楽に合わせて歌手が踊りだす。すると、今まで感じていた広島だとか、ホロコーストとかの世界が急に後ろへ遠のいていって、そういうことに向けていた気持ちがフッと軽くなってしまって、歌番組と同じレベルになってしまう、ということが。つまり、テレビを一日中つけていることは、本当に私たちが考えなくてはならないことも、日常の雑事も、何もかもを同じレベルにしてしまいます。これは、恐ろしいことではないでしょうか。

ですから、番組そのものがいい悪いということではなくて、そういうものが十五分刻みに、あるいは十分刻みに細切れに私たちに与えられることによって、私たちの精神が細切れになっていって、しかも、みそもくそも——という言い方はあまり上品ではないかもしれないけれども——広島の問題も、糖尿病も、いじめの問題も、福岡のお祭りのことも、全部が同じレベルで扱われる。何もかもが平均化された、画一化された、水準化されたものとして受けとめられるようになる。それが、問題ではないでしょうか。

ものごとには、重さの度合い、真剣さの度合いというものがあると思います。そして、それを感じとる感覚が大事だと思います。心の深いところでしっかり受けとめなければならないことと、茶化してもいいこととが、区別できなければ困ると思うんです。その感覚が、騒音化され、何もかもが同一水準で提示されるテレビを見ていると、育ちにくくなる。

今まで五十年間ずっと口を閉ざしていた人が、やっと口を開いて語った広島の体験談のことばと、アナウンサーの解説を同じレベルでしか受けとめられなくなるとしたら、それは、ことばの力の恐ろしい弱体化です。

ことばと実体

こんなふうに、私たちが体験抜きのことばをどんどん仕入れていって、そして、まわりには空虚なことばがあふれていて、しかも、それぞれのことばがもっている重みを受けとる感覚がどんどん鈍くなっていく。そのような状況が起こった結果が、今、子どもたちが本を読んだり、お話を聞いたりするときに、相対的にことばが弱い、というところに現われてきていると思うのです。それは、何も子どもたちの問題ではなくて、私たちのことばが、全体にとても軽くなってきている、私たちがことばに託したいもの、私たちがことばで表現したいもの、表現するものとことばとのあいだがどんどん離れていっているということだと思います。

もちろん、ことばというものは、あるもののかわりです。つまり、「机」ということばは、机のかわりをするものですから、「机」と「机ということば」のあいだは、本来離れているものです。それはことばの宿命だといってもいいんですけれども、それでも、私たちがことばを発するときには、それに込めている思いというものがあります。軽い思いを込めていったのと、本当に重い思いを込めていったのとが、その度合いに応じて受けとられないというのは困ります。私たちは、ことばを使って人を理解し、人と人とのあいだをつないでいかなくてはならないわけですから、心からいっていることばと、口先だけのことばの区別がつかないほど、私たちのことばに対する感覚が鈍ってくるということは、考えてみると、とても恐ろしいことだと思います。そして、お互いにことばでつながろうとしながら、そのことばを心底信じることができないとしたら、そのことは、人と人との関係も信じ合えなくなるということですから、それはまた、考えるだに恐ろしいことです。

それから、どんなことばも軽くなるということは、ひっくり返せば、私たちは、宣伝に乗せられやすくなるということでもあると思います。たとえば、スーパーに行って、「地球にやさしい」というようなことばが箱に印刷されてある洗剤があると、なんとなしにそれがいいような気がして買ってしまうというようなこと。本当は、その中にとても環境に害を及ぼす物質がはいっているかもしれないのに、それを確かめることをしないで、「地球にやさしい」というような口当たりのいいことばに、ついつい乗せられてしまうのです。

世の中には、いわゆる「いいことば」というものがあります――平和、人権、自由、愛、解放。あるいは、誠実とか、やさしさ、思いやりなど。それらは、ことば自体としてはいいのですが、そういうことばを使う人が、そこに何を込めていっているかが問題です。戦争の悲惨を身を以てくぐり抜けてきた人が口にする平和と、ただ口先だけでいっている人の平和は違います。人権とか、自由といったことばは、歴史の中で、そのことばのために命をかけた人がいて、その人たちのおかげで、ことばに命が与えられた、今日まで死語にならずに生きつづけている、ということがあります。

誠実は、ことばだけでは成り立たない。誠実な態度、生き方をする人がいて初めて、ことばに意味が与えられるのです。やさしさや思いやりもそうです。やさしさや思いやりをもつ人がひとりもいなかったら、やさしさや思いやりを示す行為がひとつもなされなかったら、ことばは力をもたないでしょう。そういう意味で、ことばが本当に生きているという証拠を、今、私たちはどのくらい子どもに見せてやっているでしょうか。

実体のあることばを選び、心を込めて語る

ことばの意味が全体として軽くなり、ことばと人間のあいだが離れ離れになる状況が進む中で、では、私たちは、子どものことばの力を保つために何をすればよいのかということになりますが、まずひとつ、自分が図書館の仕事の一端を担っている以上、私にできるのは、やはり空虚ではなくて、実《じつ》のあることばで書かれた本を子どもたちに届けるために、心して本を選ぶということだと思っています。また、そのようにして選んだ本を読んでやるときに、やはり心を込めて読むということをしていかなくてはいけないだろうと思って

います。

このあいだ、私の館で、お茶の時間にある職員が話してくれたことですが、その人は、家でずっと子どもに本の読み聞かせをしていた人です。それで、ある日、本を読んでやりながら、一瞬、あしたの晩のおかず、あれ買って、これ買ってと頭の中で考えたんですって。でも、口ではちゃんと本の通り読んでいたんですよ。それなのに、そのとき四つぐらいだったお子さんが、すかさず、「お母さん、今のところ、よく見えなかった」といったんですって。お母さんが口でいっていることと、心で思っていることが違うことをちゃんと感じとったんですね。そういう感覚を子どもがもっているって、すごいことだと思いませんか？

心にしっかりイメージをもたずにいう空疎なことばを、たちまち見抜く。そういうすばらしい感覚をもっている子どもに、私たちが心を込めて話をしてやらないということは、罪悪といっていいことだと思う。だから、やはり子どもには、心を込めて本を読んだり、お話をしたりしたいと思うんです。

お話をするというのは、生なかなことではできないんですよね。本を読むのは、今、本を渡されて読んでくださいといわれても読めますけれども、今すぐお話してくださいといわれても、お話はできないわけです。お話をするためには、そのお話を自分のものにするために、ある一定時間、そのお話といっしょに、時間を過ごさなくてはいけない。

たとえば、「昔々、あるところに、おじいさんとおばあさんがおりました」と。そのおじいさんがどこへ行きました、何をしました、子どもがいないので寂しいと思っていましたというようにイメージしなくてはならない。イメージしながら、ことばをくり返し、自分の中で、ことばとイメージの往復作業というか、そういうことをずっと続けないといけないわけですけれども、それをしていくうちに、「おじいさんが」というときに、私の中におじいさんが生きて見えるようになるし、「おばあさんが」というときに、おばあさんが動くようになってくる。「おじいさんとおばあさんが、子どものいないのをとても寂しく思っていました」というと、寂しい気持ちが感じられてくる。そのような作業をしばらく続けないと、お話を語れるようにはなりません。

ですから、お話をすることによって、イメージをしっかり描いてお話をすることによって、私たちは、少なくとも、ことばをおろそかにしないひとつのありようを、子どもたちに示すことができるのではないかと思います。

また先ほど、できるだけ実《じつ》のあることばの本を選びたいといいましたけれども、本を選ぶというのも、楽なことではありません。一冊一冊非常に迷いますし、いつも正しい選択ができるわけではありません。私たちに本に対する的確な判断力があるとはいいきれないけれども、でも、わかる部分もある。何年か子どもの本を読んできて、そしてまた、子どもたちにお話をしてくると、このことばはしっかりした根っこのあることば、このことばは上滑りのことばだと、やはりどこかでわかります。ですから、自分のその判断は、あるいはまだ未熟かもしれないけれども、少なくとも自分が、子どもと本のあいだに介在するという場を与えられた限りは、未熟であろうが、自分としてはこう思うという、ぎりぎりのところで、本の選択をすることはできると思うんです。少しでも、子どものことばを人間から離れないものにするためのことばを選びたい。それが、実は心を養うことばになり得ると思うんです。

人を支え、生かすことば

私、最近、高史明さんのお書きになった『「ことばの知恵」を超えて』*という本を読みました。ご存じの方も多いと思いますけれども、もう二十年近く前になりますが、この方のお子さんが、十二歳でビルの屋上から飛び降り自殺をされた。ひとり息子さんでした。この、岡真史君というお子さんの書かれた詩は、『ぼくは12歳』*という詩集になって筑摩書房から出ております。高先生は、こういう形で最愛のお子さんを亡くされ、自分の人生をそこに置いていた場を根こそぎもっていかれるような、非常に大きな悲しみを経験なさったのです。そして、そのことから、いわば息子さんに導かれるようにして『歎異抄』に深くはいっていかれて、『歎異抄』の信仰の中に、自分の生きる光を見出して今日まで来られたわけなんです。

この『「ことばの知恵」を超えて』という本は、息子さんの死から合計十八年たった時点でお書きになった本です。この中には、ことばが人間からどんどん離れていくということについて、非常に深い知恵のことばがたくさんはいっていますけれども、この本全体は、高先生が『歎異抄』のことばに救われていく過程を記しています。ことばの知恵を超えなければいけないと説きながら、実は逆に、人間がいかにことばに助けられ、ことばに支えられ、ことばで生きているか、ということを証ししている本だといっていいと思います。

真史君は五年生のときサン・テグジュペリの『星の王子さま』という本を読んで感想文を書いていた。真史君の死後、高先生は、それをくり返し読む。息子の心の中でいったい何が起こっていたのか探り出したいという思いに駆られてのことだったのですが、そのとき先生は真史君が、星の王子さまが最後にいうことば「さあ――もう、なんにもいうことはない――」を、「さあ、もう、なんにも思いのこすことはない」と、二度も間違えて引用していることに気づきます。そして、なぜそのようにもとの文とは違う引用をしたのか、「なんにもいうことはない」と「思いのこすことはない」とはどう違うか、思いのこすことはないと書いたときの真史君の心の中にどんな思いがあったのだろうか——と、つきつめて考えていかれます。生きているあいだには真史君のことばを読みとれなかった自分を責めに責めつつ、残されたことばの中に真史君の思いを読みとろうとしていらっしゃる過程は、読んでいると胸が痛くなりますが、先生の文章の光に照らされると、私たちにも真史君が感想文に託していおうとしたことが見えてくるのです。

私たちは、ふだん、滅多にそのように真剣に、深くことばを読みとろうとはしません。ことばをそんなに大事にしてはいないですね。しかし、こんなふうにことばをぎりぎりのところまで大事にして、その背後にあるものを探り探り読んでいくことで、初めてわかってくることがある。本当に「読む」というのは、そういうことなんだと、頭をたたかれた思いでした。

高先生は、大変な人生を送ってこられた方です。在日の朝鮮人として、非常に貧しい家庭に生まれ、三つのときにお母さんが亡くなる。お父さんひとりの手で育てられ、苦しい境遇の中でぐれて、刑務所にはいるという経験もされたようです。なんとか立ち直ろうとしていたときに、自分を受け入れてくれる場であった共産党に入党しますが、そこでもさまざまなことがあって非常に苛酷な体験をなさる。そういうつらい体験をいくつもくぐり抜けて、日本人の奥さんと結ばれ、息子をさずかる。日本と朝鮮の不幸な歴史を背負って生まれてきた子だが、本当にふたつの国のかけ橋になってほしいと願っていたその息子さんが、十二歳で自殺してしまう……。

およそ人間として、もっともつらい状況の中から、『歎異抄』に出会い、そのことばに支えられて生きてこられた――。『少年の闇』『青春無明』『悲の海へ』*という先生の三部作には、こうしたことが、こちらの心をぎりぎりしぼりあげるような強さで克明に綴られていますが、そういう大きな悲しみの中で、親鸞上人のことばが、先生を支え、生かすのです。ことばの中には、そのように、心を支え、養い、人を生かすものがあるということが、よくわかります。ですから、できれば私たちは、なるたけそういう心を養うことばに出会いたいと思うし、養うことばを養うように読める自分でありたいと思います。

心を養うことばを保存する場としての図書館

きょうは、新しい図書館のお祝いですけれども、図書館は、そこへ行けば、そういう心を養うことばに出会える場所であってほしい、実《じつ》のあることばで書かれた本が置かれている場所であってほしい。それから、ことばと人間を離れ離れにさせる力を増強させるような場所ではなくて、むしろそういう風潮に抵抗するような場所であってほしい。子どもたちのところには、特にくり返し読んでも、それに耐えるような本を置いて、できるだけ子どもとことばを助けるようであってほしい、と思います。

出版というのは、日本の国の場合、私企業ですから、やはりどうしても商業主義に傾かざるを得ない。企業として採算がとれるということが非常に大切ですから、それは仕方がないことだと思います。でも、図書館は、商業主義に支配された出版の単なるショーケースになってはならない、と思うのです。数多い出版物の中から少しでも永続的なものを選んで、それを保持する場でありたいと思います。さっきからもいうように、本を選ぶ立場にある図書館員がいつも的確な判断が下せて、正しい選択ができるわけではないにしても、心の中で目指す姿勢として、そういうものをもっているということがとても大事だと思います。

そして、この図書館では、財団で運営するかどうかということで、非常にいろいろな議論があって、結局、公立で支えるということに落ちついたそうですけれども、公で支えるということの意味のひとつは、遠い将来を見越した仕事ができるということではないでしょうか。つまり、非常に長期の投資です。さっきいったように、私企業だと儲けなくてはならない。今から百年先に儲かるというような事業は、企業はできないんです。公のお金を使うからこそ、そういうことができるので、今、育っている子どもたちはもちろんですが、もっと先で育つ子どもたちのことも考えて仕事をしていくことができるというのが、公立のとてもいいところだと思います。

遠い先のことを考えて、金儲けとは違う、別の原則に立って本を集め、提供する。つまり、人を支え、人の心を養うような本を選んで、それが世の中から消えてしまわないように保っていく、それが公立の図書館の役割でしょう。そういう大切なことだからこそ、公のお金を使ってやるということだと思います。

質のよいイメージを提供する場としての図書館

ところで、ことばは、いつもイメージと結びついています。ことばがイメージを喚起し、心に浮かんだイメージを、私たちはことばとして記憶します。そして、生きている私たちの中には、いつも私たちを生かしているというか、動かしているイメージがあって、私たちは、そのイメージに従って生きています。自分がこんな人生を送りたい、こんな仕事をしたい、こんな人になりたい、こんな人といっしょに暮らしたいというようなことから、こんな服を着たい、こんなものを食べたいということまで、私たちの中にあるイメージが、私たちを引っ張っているといっていいでしょう。

しかも、そのイメージを私たちはどこかから取り入れているんですね。体が食べもので養われているように、私たちの心というか、精神世界は、いろいろなところからイメージを取り入れてつくりあげられているのです。

では、私たちが、イメージをどこから取り入れているか。私たちのまわりには、イメージをさし出してくれる源、情報源がさまざまあります。多分、今、普通の人の生活の中では、テレビが情報源としては一番大きいかもしれませんが、テレビのさし出してくれるイメージは、必ずしもいいものばかりでないし、それだけで十分とはいえません。歴史の長さからいっても、幅の広さからいっても、本の方が、イメージの源としては豊かだし、本の方が、質のいいイメージをさし出してくれている、と私は思います。本からイメージを取り入れる習慣をつけていないと、心の中の世界が貧しくなるし、いろいろ難しい問題も生まれるのではないかと心配します。

多分、みなさんのお目にとまっていると思いますけれども、このあいだからのオウムの事件に関連して、七月十九日の朝日新聞*にウルトラセブンの脚本を書いた市川森一さんという方にインタビューした記事がありまして、私はそれを読んで衝撃を受けました。

もしご存じない方がいらしたらいけないので、ちょっとご紹介いたしますと、市川さんは、ウルトラセブンや仮面ライダーなどの脚本を書いてきた方です。オウム真理教がなぜ若者たちを引きつけたのかということについていろいろ分析されている中で、一九六〇年代後半以降に、子どもたちを熱狂させてきたSFヒーローの影響を指摘する声がある。その脚本を書いていた作者の立場からの反省点を聞くということで、この記事が書かれていました。

「オウムの組織や施設、犯罪を含めた行動パターンを見て、『こんなドラマを書いた記憶があるな』と振り返ると、それは僕が二十代のころにグループで脚本を書いた『ウルトラセブン』であり、企画から参加した『仮面ライダー』でした。上九一色のサティアンには、円谷プロのセットを見ているような既視感を抱きました。彼らが、ウルトラマンから七〇年代後半の宇宙戦艦ヤマトに至る疑似戦争ドラマに大きな影響を受けていることは、紛れもない事実として受けとめざるをえません」と、市川さんはいいます。

また、「中学時代の井上嘉浩被告が残した文章に、金と時間に追い回される管理社会から逃げ出したいと書かれているのを新聞で読みました。それは、僕たちがテレビ脚本家として活動を始めた七〇年前後のころ、子供番組の中で提示した現代の社会像そのものでした。幼い視聴者たちは、それを全身で受け止め、短絡的な正義感や使命感を持ってしまったのではないかと責任を感じています」といい、さらに、「オウムには『戦え！　真理の戦士たち』という歌があります。これはヒーロー番組の主題歌の引き写しです。仮面ライダーには、ショッカーという地球征服をたくらむ悪の組織を登場させたのですが、そこには魔王がいて、普通の人間を拉致し、改造人間にし、生きた凶器として社会に放つ。麻原被告を中心とするオウムのアジトは、ショッカーのそれと、あまりにもそっくりでした。それに、麻原被告を仰ぎ見るオウムの若者たちは、ウルトラセブンに対するウルトラ警備隊の関係と似ています。警備隊の秘密基地が富士のふもとにあったという表面的な類似点だけではなく、警備隊が超人としてのセブンを無条件に信奉している点や、セブンがいないと戦えない図式が怖いほど」似ているというのです。また、「僕たち『セブン』や『仮面ライダー』の作家は、敗戦後、自分たちの親がやってきたことを否定され、ＧＨＱこそ正義だと教えられた『父権なき世代』に属します。だから僕たちのドラマの正義や守るべき平和は、みんな勝者から与えられたもの。地球の平和を守るという任務を担った自衛隊もどきの集団に、『お前たちの行動は正しい』『オレがついていれば必ず勝つ』と言ってくれる超能力者としてのウルトラセブンが必要だったんです」とも「ウルトラマンやセブンの超能力は、宗教的な霊力ではなく、科学の力なんです。敵とは他者であり、自然であったりしました。オウム信徒の科学への純粋な信奉は極めてウルトラマン的発想です」ともいっています。

市川さんは、ドラマでうたった「正義」についても、そこで自分が提出したものは、本当の「正義感の大切さなどではなく、『正義とは仮面だ』という教訓ではなかったでしょうか。だれでも仮面さえかぶれば正義の人になれる。中身は問題じゃない、大事なのは仮面の方だ。かつてウルトラマンの仮面で遊んだ子が、ある日、麻原被告の仮面をかぶってしまったようにも思えるのです」というようにさえいっていらして、そして自分たちが、結局、すさまじい殺りくシーンがくり返されるものを毎週放映したことで、オウムのような「事件が現実のものになると、私たちは一体、子供たちにどんな希望を与え得たのだろうか、実はとんでもなく恐ろしい、ロマンのかけらもないバーチャルリアリティーを植え付けてきたのではないだろうかという不安にかられます。正義のために戦うというメッセージは、その正義感に実体が伴わないために、容易に内容が変質します。戦うことの魅力のみを伝え、戦う本能だけを呼び覚ましてしまったのではないか」というようにいっていらっしゃるんです。

もちろん、ウルトラマンがストレートに今日の事件につながっているとはいえませんけれども、どこかに影を落としているということはいえそうです。けさも新聞によると、「一生聖者の仮面をかぶり続ければ聖者なんだと麻原がいった」というようなことばが書いてありましたけれども、仮面をかぶるというようなことの中にも、そういうことの影響が見られます。

私たちが生きていく上には、どうしてもなんらかのイメージをもたないといけなくて、そのイメージは、どこかから得てこなくてはいけないわけですから、若者たちが、熱中して見たテレビ番組からイメージを取り入れるのは当然のことでしょう。ただ、作者自身述べているように、ドラマの中で使われた、たとえば「正義」ということばは、実のないことばでした。正義という仮面をかぶればそれが正義になるというような類の正義だった。そうなると、「正義」ということばは、そこでは死んでいるんですね。でも、一方で、実際に、正義を貫こうとして命を投げ出す人もいる。長いあいだ獄中生活を余儀なくされる人もいる。そういう人の物語もある。その中で、使われる「正義」ということばは、おそらく命をもってくるでしょう。

私たちにできること

ことばは、どのようにも使える、という一面があります。戦争中、私たちは正義のために戦うんだとずっと聞かされてきました。そういうふうに、どのようにも――重くも、軽くも、真実を込めても、口先だけでも――使えることばの中から、先ほどからいうように、実《じつ》のあることば、心を養うことのできることばを選んで子どもにさし出すのが、私たちの役目ではないでしょうか。

私たち自身が、いつもよいことばが使えるわけでもないし、いつも本当に誠実に、ことばの背後にちゃんとしたものをもって人にことばをかけているとはいえないけれども、ことばの中には空虚なことばもあれば、実のあることばもあるということだけはわかる。その実のあることばだけが人の心を養ったり、動かしたりすることができるし、ことに子どもの心を動かしたり養ったりするときには、そういう実のあることばを使わなければいけないということを思います。そして、そういう実のあることばで書かれた本を図書館に備え、子どもたちにさし出したい。もし、本がなかったら、子どもたちがほかの情報源からだけ、自分たちのイメージの食べものを取り込むことになるでしょう。そうならないように、一方で永続きする価値をもったことばの世界を確保することが大事だと思うのです。

きょうは、大変口はばったいようなことをいってしまいましたけれども、本というのも、しょせんは私たちのことばの問題ですし、私たちのことばは、私たちが日常使うことばでもあり、私たちのイメージをつくることばでもあるので、そういうことばを私たちが今いちど、もう少し丁寧に見て、大事にするということを、ここでひとつ考えることができれば幸いだと思います。

ご清聴どうもありがとうございました。(拍手)

引用・参考文献

■ことばの贈りもの

13頁『子どもとことば』(岩波新書)　岡本夏木著　岩波書店　一九八二年

23頁『0歳児がことばを獲得するとき――行動学からのアプローチ』(中公新書)　正高信男著　中央公論社　一九九三年

30頁『詩集一』(タゴール著作集　第一巻)　タゴール著　第三文明社　一九八一年

■ことばのせかい こどものせかい

39頁『天からふってきたお金――トルコのホジャのたのしいお話』　アリス・ケルジー文　岡村和子訳　岩波書店　一九六四年

44頁『子どもの考え始める時一　乳幼児』　教育技術研究会編　誠信書房　一九六二年

60頁『こども・こころ・ことば――子どもの本との二十年』　松岡享子著　こぐま社　一九八五年

66頁『子どもとことば』　前掲

74頁　『ふしぎなオルガン』（岩波少年文庫）　レアンダー作　国松孝二訳　岩波書店　一九五二年
83頁　『みんなのこもりうた』　トルード・アルベルチぶん　福音館書店　一九六六年

■心を養うことば

98頁　『サンタクロースの部屋――子どもと本をめぐって』　松岡享子著　こぐま社　一九七八年
『こども・こころ・ことば』　前掲
106頁　『ちちははのくにのことば』　国分一太郎著　晶文社　一九八二年
113頁　『沈黙の世界』　マックス・ピカート著　佐野利勝訳　みすず書房　一九六四年
125頁　『「ことばの知恵」を超えて――同行三人』　高史明著　新泉社　一九九三年
『ぼくは12歳――岡真史詩集』　高史明・岡百合子編　筑摩書房　一九七六年
128頁　『少年の闇』（歎異抄との出会い 第一部）　高史明著　径《こみち》書房　一九八三年
『青春無明』（同 第二部）　同　同　一九八三年
『悲の海へ』（同 第三部）　同　同　一九八五年
132頁　「正義の仮面つけた若者たち」　朝日新聞　一九九五年　七月十九日　夕刊

あとがき

ここに、子どもとことばについて、私が、いろいろな場所で行った講演の記録を三篇集めました。ひとつは、一九八八年二月、府中市立図書館のお招きにより、「ことばのせかい こどものせかい」と題して、同市の府中グリーンプラザで行った講演、もうひとつは、調布市立図書館の新館開館記念講演として、一九九五年十月に、同館で行った講演です。こちらは、「心を養うことば」という題でした。巻頭の一篇「ことばの贈りもの」は、東京子ども図書館の機関誌「こどもとしょかん」の六十五号（一九九五年四月発行の春号）に収録された評論です。これは、講演ではありませんが、私が、一九九四年の東京子ども図書館設立二十周年の記念事業として、各地で行った講演をいわば要約したものですので、講演録と呼んでさしつかえないものです。

府中市立図書館と調布市立図書館での講演は、のちに両図書館によって、それぞれ小冊子にまとめられました。両図書館のご好意により、改めてここに再録いたしました。三篇は、いずれも子どもとことばという共通のテーマにそって行った講演ですので、内容に重なるところがありました。それを調整し、また、説明不足のところを補ったり、話しことばの口語的表現を少し改めたりして、全体をととのえました。

実際の講演からずいぶん時間がたってしまったものを、もういちど刊行するのは、ためらいがありました。けれども、ここで述べられていることは、もし、機会があれば、今でも同じことをお話ししたい内容です。十数年前と違って、現在は、講演を行っておりませんので、記録の形で、多くの方に読んでいただけたらありがたいと思い、刊行することにいたしました。子どもとことばに関心を寄せていらっしゃる方々の、ご参考になれば、うれしく思います。

二〇〇九年　七月

松岡享子

松岡享子

1935年、神戸市生まれ。神戸女学院大学文学部英文学科、慶應義塾大学文学部図書館学科を卒業。米国、ウェスタン・ミシガン大学大学院で児童図書館学を学んだのち、ボルティモア市のイーノック・プラット公共図書館に勤務。帰国後、大阪市立図書館勤務をへて、家庭文庫「松の実文庫」を開く。1974年に石井桃子氏らと財団法人東京子ども図書館を設立、2015年6月まで同館理事長。その後、名誉理事長。

絵本、児童文学の創作、翻訳を多数手がける。創作に『とこちゃんはどこ』『おふろだいすき』『なぞなぞのすきな女の子』、翻訳に『しろいうさぎとくろいうさぎ』「ゆかいなヘンリーくん」「くまのパディントン」シリーズ、大人向けには、『えほんのせかい こどものせかい』『子どもと本』『ことばの贈りもの』(レクチャーブックス◆松岡享子の本2) 他、語り手に向けた「レクチャーブックス◆お話入門シリーズ」等。2022年没。

レクチャーブックス◆松岡享子の本

お話について（レクチャーブックス◆松岡享子の本 1）

松岡享子 著　B6 判　128p
定価：1540 円（本体 1400 円 + 税）　ISBN978-4-88569-021-1

松岡享子の講演「お話について」「お話のたのしみを子どもたちに」を収録。お話のもつ力やお話をすることの意味を原点からていねいに語りかけます。

読者としての子ども（レクチャーブックス◆松岡享子の本 3）

松岡享子 著　B6 判　128p
定価：1540 円（本体 1400 円 + 税）　ISBN978-4-88569-025-9

子どもたちをよい読者に育てるために、おとなができることは……。当館設立 40 周年記念事業「児童図書館の基本を学ぶ出張講座キャラバン」（2014 ～ 15 年）での講演を収録。

レクチャーブックス◆マーシャ・ブラウン

庭園の中の三人／左と右

マーシャ・ブラウン 著　松岡享子 / 高鷲志子 訳　B6 判　136p
定価：1320 円（本体 1200 円 + 税）　ISBN978-4-88569-031-0

子どもたちに長年読み継がれてきた絵本の作家たち——バートン、エッツ、ガアグの生涯を辿りつつ、創作の真髄に迫ります。1990 年代に行った日本での講演を収録。

出版物をご希望の方は、お近くの書店から、地方・小出版流通センター扱いでご注文ください。当館への直接注文の場合は、書名、冊数、送り先を明記の上、はがき、メール（honya@tcl.or.jp）、ファックス、電話でお申込みください。総額 2 万円以上（税抜）のご注文の方、東京子ども図書館に賛助会費を 1 万円以上お支払の方は、送料をこちらで負担いたします。

公益財団法人 東京子ども図書館

東京子ども図書館は、子どもの本と読書を専門とする私立の図書館です。1950年代から60年代にかけて東京都内4ヵ所ではじめられた家庭文庫が母体となり1974年に設立、2010年に内閣総理大臣より認定され、公益財団法人になりました。子どもたちへの直接サービスのほかに、“子どもと本の世界で働くおとな”のために、資料室の運営、講演・講座の開催、人材育成、出版など、さまざまな活動を行っています。

●子どもへのサービス　児童室・かつら文庫

本の貸出しのほか、「おはなしのじかん」や「わらべうたの会」などがあります。小規模図書館ならではの、ひとりひとりの子どもへの、きめこまかいサービスを心がけています。石井桃子氏によって1958年にはじめられた、かつら文庫（杉並区荻窪）は、当館の分室として活動しています。

●おとなへのサービス

・**資料室**

国内外の児童書や、児童文学関係の研究書などを備えた研究資料室です。貸出し、読書相談やレファレンスサービスも行っています。

・**講演・講座・人材育成**

子どもと本に関わる仕事や活動をしている方のために、さまざまな講習会、講演会、お話会などを行っています。また、読み聞かせやお話、ブックトークなどに関する学習会に講師を派遣しています。

詳しい活動内容は、当館におたずねくださるか、ホームページをご覧ください。

〒165-0023　東京都中野区江原町 1-19-10
Tel 03-3565-7711　Fax 03-3565-7712　URL https://www.tcl.or.jp

ことばの贈りもの （レクチャーブックス◆松岡享子の本２）

2009年7月21日　初版発行
2024年9月10日　第4刷発行

著　者　松岡享子
発行者
著作権所有　公益財団法人 東京子ども図書館
〒165-0023　東京都中野区江原町1-19-10
TEL　03-3565-7711　FAX　03-3565-7712
振替 00130-9-115393
印刷・製本　精興社

ISBN 978-4-88569-023-5